財務諸表は三角(さんかく)でわかる

数字の読めない社長の
定番質問に答えた
財務の基本と実践

大久保圭太
Keita Okubo

ダイヤモンド社

はじめに

　中小企業の経営者は、営業力や技術力、新しいビジネスモデルを創造する発想力など、みなさん、さまざまな能力を活かして起業されたり、会社を引き継がれたりしています。
　ただ、残念ながら、そういった能力がある中小企業の経営者でも、会計の知識はほとんどありません。ましてや、簿記を勉強している人はごくわずかでしょう。
　しかし、企業の経営活動はすべて複式簿記で会計処理され、財務諸表（いわゆる決算書）、主に貸借対照表（B/S）・損益計算書（P/L）・キャッシュフロー計算書（C/S）の3種類で表現されます。
　つまり財務諸表がわからないと、自社の本当の実力を把握したり、適切な戦略を立てたりすることができないのです。
　にもかかわらず、多くの経営者が会計を勉強しないのは、とっつきにくいと思っているからではないでしょうか。
　また、会計処理は顧問税理士に任せているという方も多く、自分で何かしなくても月次の試算表や財務諸表が出てくるので、中身がわからなくても顧問税理士が作っているから正しいんだろうし、専門家が見てくれているから大丈夫だろうと思っています。
　しかし、経営者が期待しているほど、きちんと試算表や財

務諸表を分析し、今後の戦略を提案できる税理士は、実際にはほとんどいません。なぜなら、税理士は税金の専門家にすぎないからです。税金を計算するために必要だから会計処理をしているだけなのです。

そんな状況のなか、数字に強くない経営者のために上梓したのが本書です。財務諸表を少しでも理解できるように、会計がわかる本を買って読んでみるものの理解できたようなできなかったような……そんなモヤモヤを取り払った内容となっています。

会計の解説書は、上場企業などの財務諸表をサンプルに解説しているケースがほとんどですが、上場企業と中小企業の財務諸表は、規模はもちろん、会計基準も違うので参考にならないケースが多いでしょう。また、財務戦略に関しても上場企業は必要なお金を市場から資本として調達できますが、中小企業で資金を投資家から集められるところは非常に少ないですし、集められても上場企業の新株発行に比べると桁が違いすぎます。

上場企業向けのさまざまな財務分析の指標も、中小企業の財務分析には役に立たないので必要ありません。

そもそも、中小企業の経営者にとって必要なのは、**財務諸表を理解することよりも自社の経営にそれをどう活かすか、自社の財務戦略をどのように立てるのかを考えるために財務諸表を読めるようにすること**なのです。

本書の第1章では、数字の読めない社長からの質問に回答していく形式にし、多くの経営者がいつも疑問に思っているであろうことを解消してもらうなかで、**会計の観点から財務諸表を理解できる**ようなプロセスにしました。

　第2章では、企業の「調達」「投資」「回収」の3つのプロセスにより財務諸表がどのような形になっていくのかを丁寧に追っていきます。特に理解が難しい**B/Sは、三角でイメージすることで感覚的にわかる**ようにしています。

　第3章では、実際に自社の財務分析をして経営に活かすという観点から、**中小企業の財務諸表の直し方**を解説します。中小企業の財務諸表は赤字を隠すための粉飾や節税対策などによって、その会社の実態を表していない可能性が高いのです。まずは、財務諸表を実態に即した内容に直さないと分析しても不適切な結果が出てしまいます。

　さらに、ほとんどの会計の解説書には税務申告書や勘定科目内訳説明細書の説明がありませんが、出口戦略、財務戦略、銀行対応に大きな影響を与える部分があります。マニアックな解説をしても意味がないので、必要な項目を3点取り上げてまとめました。

　第4章では、実態に修正した財務諸表をもとに自社の分析をするなかで**この状態だとヤバいという財務諸表の例**を取り

上げました。経営者は意外に自社の財務諸表の問題に気づいていないケースが多く、特に第3章のとおりに実態に即した内容に修正するとヤバくなる企業が多いと思います。

　第5章では、第4章のような状況からでも財務諸表を強くしていけることを示すため、第1章で**2代目社長が悪化させてしまった財務諸表を再生**させていきます。
　このプロセスを通して、みなさんの会社の財務諸表をより強くしていく財務戦略のヒントになれば幸いです。

　企業の経営にとって、ビジネスモデルと財務戦略は両輪です。財務戦略のベースは、みなさんの会社の財務諸表です。ぜひ**財務諸表を経営に活かし、ビジネスモデルを支える財務戦略を立案し、強い中小企業になっていただきたい**です。

財務諸表は三角でわかる

数字の読めない社長の定番質問に答えた財務の基本と実践

目次

はじめに……3

第1章
数字の読めない社長が毎回聞いてくる10大質問

1-0 もしも、数字の読めない2代目が社長になったら……16
- 図1　下町工場株式会社　貸借対照表（B／S）……18
- 図2　下町工場株式会社　損益計算書（P／L）……19
- 図3　下町工場株式会社　キャッシュフロー計算書（C／S）……20

1-1 「貸借対照表（B／S）がまったくわからない」……21
- 図4　会社の財産を見てみる……23
- 図5　会社の借金を見てみる……24
- 図6　前期の会社の価値を見てみる……25
- 図7　今期の会社の価値を見てみる……26

1-2 「お金がいくらあればいいのかわからない」……27
- 図8　今期の運転資金はいくら必要？……28
- 図9　前期の運転資金は足りている？……29
- 図10　資金繰り表は、3つの収支からできている……31
- 図11　C／Sが一番身近な財務諸表……33

1-3 「利益が出ているのにお金が減っていくのはなぜ？」……34
- 図12　借入金の返済とその利息……35
- 図13　お金の流れを確認する……36
- 図14　さらに、お金の流れを確認する……37

第1章

数字の読めない社長が毎回聞いてくる10大質問

もしも、数字の読めない2代目が社長になったら

　何千社もの中小企業の財務相談に乗ってきましたが、財務諸表（決算書）をきちんと理解している経営者は少数です。

　「財務諸表」という言葉は、会計がわからない人を寄せ付けない、そんな力があるように感じます。

　「数字が読めるようになりたい」と思っても簿記を勉強する時間なんてありませんし、顧問税理士さんの説明もよく理解できないので、「いつまで経ってもわからないまま……」という経営者が非常に多いのではないでしょうか。

　第1章では、そんな数字の読めない社長が疑問に思っていることにお答えしていきます。

　下町工場株式会社という製造業の会社を引き継いだばかりで、数字の読めない2代目社長が主人公です。

　前期までで先代は引退され、今期から経営を任されたので先代より大きい会社にしようと張り切っています。

　大きくするために、まずは売上を上げようとしました。販売のチャンスを逃さないため、在庫を多めに持つようにしま

した。さらに多くの製品を作るため、新しい機械を買い、製品の製造ラインを増やしたのです。

　製造ラインの増加に伴い、人も増やしたため、製造コストは上がっていましたが、2代目社長が日々管理している数値は売上のみでした。

　積極的な投資と営業で、売上は先代のときより10％ほど上がっていましたし、製造ラインが増えたこともあり、会社は順調に拡大していると思っていました。

　決算の時期になり、2代目社長が「売上は先代のときより増えているでしょ？　利益はどれくらい増えている？」と顧問税理士に聞くと、「社長、今期の売上はたしかに前期より200万円増えていますよ。でも200万円も赤字です。貸借対照表（B／S）を見ると、借金は600万円も増えていて、現金は200万円も減っています。赤字だから税金は払わなくてよいのですが、このままじゃ会社潰れちゃいますよ」と返ってきました。社長の思い描いていたものとまったく違う赤字の財務諸表ができ上がっていたのです……。

　その前期と今期（＝当期）の財務諸表は図1～3のとおりです。

　一体、何がいけなかったのでしょうか？

　2代目社長の質問に答えながら、原因を確かめていきましょう。

図1　下町工場株式会社　貸借対照表（B／S）

(万円)

資産の部	当期	前期	負債の部	当期	前期
流動資産			流動負債		
現預金	100	300	買掛金	200	200
売掛金	200	100	流動負債合計	200	200
在庫	200	100	固定負債		
仮払金	100	0	長期借入金	1,300	700
			固定負債合計	1,300	700
流動資産合計	600	500	負債合計	1,500	900
固定資産			純資産の部		
建物	400	500	資本金	100	100
機械	500	100	利益剰余金	△100	100
			（うち当期純利益）	（△200）	（70）
固定資産合計	900	600	純資産の部合計	0	200
資産合計	1,500	1,100	負債純資産合計	1,500	1,100

現預金＝現金及び預金
在庫＝財務諸表等の用語、様式及び作成方法に関する規則（財規）によれば、「商品及び製品」または「棚卸資産」に該当するが、わかりやすく「在庫」と表現しています。
機械＝機械及び装置

図2 下町工場株式会社　損益計算書（P／L）

(万円)

	当期	前期
売上高	2,200	2,000
売上原価	1,800	1,400
（うち減価償却費）	(300)	(200)
売上総利益	400	600
販管費	550	470
営業利益	△150	130
営業外費用		
支払利息	50	30
経常利益	△200	100
税引前当期純利益	△200	100
法人税等	0	30
当期純利益	△200	70

販管費＝販売費及び一般管理費

図3 下町工場株式会社 キャッシュフロー計算書(C／S)

(万円)

	当期
税引前当期純利益	△200
減価償却費	300
売掛金の増加	△100
在庫の増加	△100
仮払金の増加	△100
Ⅰ.営業活動によるキャッシュフロー	△200
機械の増加	△600
Ⅱ.投資活動によるキャッシュフロー	△600
借入金の増加	600
Ⅲ.財務活動によるキャッシュフロー	600
現預金増減額	△200
現預金の期首残高	300
現預金の期末残高	100

営業活動によるキャッシュフロー＝営業キャッシュフロー、営業CF
投資活動によるキャッシュフロー＝投資キャッシュフロー、投資CF
財務活動によるキャッシュフロー＝財務キャッシュフロー、財務CF
現預金増減額＝現金及び現金同等物の増加額又は減少額
現預金の期首残高＝現金及び現金同等物の期首残高
現預金の期末残高＝現金及び現金同等物の期末残高

1-1 「貸借対照表（B／S）がまったくわからない」

「B／Sって、何でしょうか？ 損益計算書（P／L）は、売上とか利益が書いてあるからなんとなくわかります。でもB／Sは、現金がいくらとか借金がいくらとか書いてあることはわかるんですが、これが何を表していて、何のためにあるかがわからないんですよね」

・・・・・・・・・

安心してください。こう思っている経営者は少数ではないのです。ただ、経営者がわからないでは、社員たちが不安になりますよね。

P／Lは、売上・利益といったわかりやすい用語で表しているため、なんとなく理解できるのでしょうが、B／Sは対の表になっていて、いろいろな項目と数字が書いてあるのでどこをどのように見ればいいのかよくわからないという方が、残念ながら非常に多いのです。

しかし、P／Lしか読めないと、わかるのは黒字か赤字かくらいで、現金がいくらあるのか、借金がいくら残っているのかも把握できず、倒産の危険が高まってしまいます。

会社は赤字がいくら出たから潰れるというわけではなく、お金がなくなったときに潰れます。したがって、現預金が載っているB／Sは絶対に読めるようにならなくてはいけません。

　さらに、B／Sを理解している経営者は、どこから調達してきて、いくら投資できるのか、といった長期的な戦略を立てることができるので、事業を大きく伸ばしていけます。

　第2章で財務諸表のつながりを理解してもらいながら詳細な解説をしますが、そもそもB／Sとは何なのでしょうか？

　B／Sは一言でいうと、みなさんの会社の価値を表しています。

　左側に、会社が持っている財産が載っています。下町工場株式会社の今期のB／Sでは、現預金100万円・売掛金200万円・在庫200万円……といった具合に会社の財産が並んでおり、合計すると1,500万円の財産（＝資産）があると書いてあります(図4)。

　右上には、会社の借金などを書きます。

　買掛金200万円・長期借入金1,300万円といつか払わなければいけないものが載っていますね(図5)。

図4　会社の財産を見てみる

(万円)

資産の部	
	当期
流動資産	
現預金	100
売掛金	200
在庫	200
仮払金	100
流動資産合計	600
固定資産	
建物	400
機械	500
固定資産合計	900
資産合計	1,500

財産を並べて書く

財産の合計

B／Sの左側には、財産がまとめられている

図5 会社の借金を見てみる

(万円)

負債の部

	当期
流動負債	
買掛金	200
流動負債合計	200
固定負債	
長期借入金	1,300
固定負債合計	1,300
負債合計	1,500

→ 払わなければいけないものを並べて書く

← 借金などの合計

純資産の部

資本金	100
利益剰余金	△100
(うち当期純利益)	(△200)
純資産の部合計	0
負債純資産合計	1,500

B/Sの右上には、借金などがまとめられている

左の財産から右上の借金などを引くと、会社が持っている純粋な財産の金額が計算できます。

　この金額が、**会計上の会社の価値**とされます。

　下町工場株式会社の前期のB/Sを見てみましょう**(図6)**。

　左下の財産の合計1,100万円に対して借金などの合計が右の真ん中あたりに**「負債合計」**として900万円と載っています。1,100万円から900万円を引いた200万円がこの会社の価値です。それが、右下の**「純資産の部合計」**というところに載っていますね。

図6　前期の会社の価値を見てみる

B/S　　　　　　　　　　　　　　　　(万円)

資産の部	負債の部	
〜〜〜〜〜	〜〜〜〜〜	
	負債合計	900 ← 借金などの合計
	純資産の部	
	資本金	100
	利益剰余金	100
	(うち当期純利益)	(70)
	純資産の部合計	200 ← 会社の価値
資産合計　1,100 (財産の合計)	負債純資産合計	1,100

B/Sの右下で、会社の価値がわかる

今期はどうでしょうか？

左下の財産の合計が1,500万円であるのに対し、右の負債合計も1,500万円と同額になっています(図7)。会社の価値は1,500万円－1,500万円＝0です。価値がありません。

下町工場株式会社はこれから利益を出すか、誰かに出資してもらわないと会社の価値が増えず、いずれは倒産する可能性があります。前期は200万円の価値があった会社を引き継いだのに、今期でゼロにしてしまったことになりますね。

きちんと数字を読んで経営しないと、こうなってしまいます。

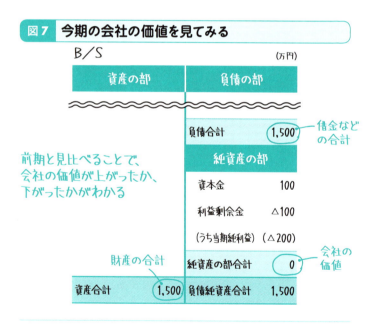

図7 今期の会社の価値を見てみる

1-2 「お金がいくらあればいいのか わからない」

「あれ？ 前期のB／Sにはお金（現預金）が300万円あるのに、今期は100万円になっちゃってますね？ これって多いんですか、少ないんですか？ そもそも、お金はいくら持っていればいいんですか？」

・・・・・・・・・

お金は多く持っていればいるほど潰れにくい強い会社になりますが、会社を運営するには最低限必要なお金というものがあります。**「運転資金」**と呼ばれるものです。

運転資金は、B／Sからざっくりと計算することができます。

まず、B／Sにある**「売掛金」**は売上は上がったものの、お金の回収は後になるものなので、この分のお金を持っておかなくてはいけません。

次に売上を作るために**「在庫」**を持っておかなければならないので、この分のお金も必要になります。

下町工場株式会社でいえば、今期は売掛金200万円と在庫200万円がありますから、200万円＋200万円＝400万円は先にお金が必要になりますね。

一方で、「買掛金」は仕入れはしたものの支払いが後になるものですから、今お金がなくても大丈夫です。この会社でいえば、200万円は今お金がなくても仕入れができています。
　まとめると、売掛金200万円＋在庫200万円－買掛金200万円＝200万円が足りないお金となるので、追加の運転資金として用意しなければいけません(図8)。

図8　今期の運転資金はいくら必要？

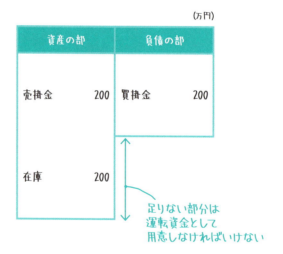

追加の運転資金として、200万円必要なのがわかる

この運転資金の分は基本的には、自分のお金でまかなうか、借入をしないと資金がショートしてしまいます。

　前期を見てみると、売掛金100万円＋在庫100万円－買掛金200万円＝0と足りない分がないので、追加の運転資金がいらない会社になっています(図9)。先代は、かなり財務がわかっている方だったのかもしれませんね。

図9　前期の運転資金は足りている？

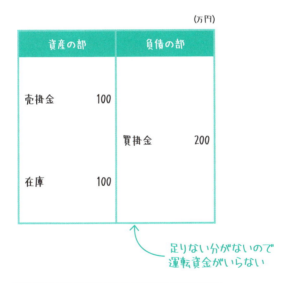

追加の運転資金はいらない状態である

ただし、これだけでは日々の資金繰りの把握まではできません。B／Sはあくまでも一時点の数字を表したものなので、翌月のB／Sでは数字が大きく変わってしまうこともあります。そこで**「資金繰り表」**が必要となってきます。

　資金繰り表は、会社のお金の出入りを記載するものです。来月の支払いが問題なくできるかなどをチェックするために使うので、中小企業にとっては、B／SやP／Lより馴染み深いと思います。

　当たり前ですが、資金繰り表の現預金の数字がマイナスにならないよう、コントロールする必要があります。逆に言えば、現預金の数字がプラスであれば会社は絶対に倒産しません。

　資金繰り表は、一般的に**「経常収支」「設備等収支」「財務収支」**の3つの項目からできています(図10)。

　経常収支は、本業でお金が増えているかを見ることができます。つまり、きちんと事業で**「回収」**できているかがわかります。

　設備等収支は、設備などの**「投資」**をしたときに使います。

　財務収支は、銀行からの借入の増減がメインになります。つまり**「調達」**です。

　資金繰り表を見ると、現預金ベースでの調達・投資・回収がわかるようになっているのです。

　これは**キャッシュフロー計算書（C／S）の営業キャッシュ

図10 資金繰り表は、3つの収支からできている

		4月予算	5月予算	6月予算	7月予算	8月予算	9月予算	合計予算
前月繰越		300	420	470	440	240	400	300
経常収入	現金売上	100	50	100		100		350
	売掛金回収	400	400	350	200	300	200	1,850
	その他収入							0
		500	450	450	200	400	200	2,200
経常支出	原材料費	100	80	100	120	150	200	750
	人件費	80	100	100	100	100	100	580
	社会保険料	20	20	20	20	20	20	120
	家賃	50	50	50	50	50	50	300
	税金				100			100
	その他経費	100	120	80	80	80	90	550
		350	370	450	370	400	460	2,400
経常収支		150	80	0	-170	0	-260	-200
収入	保険金解約 (回収)							0
		0	0	0	0	0	0	0
投資支出	機械装置	600						600
		600	0	0	0	0	0	600
設備等収支		-600	0	0	0	0	0	-600
財務収入	借入金 (投資)	600				200		800
		600	0	0	0	200	0	800
財務支出	借入金返済 (調達)	30	30	30	30	40	40	200
		30	30	30	30	40	40	200
財務収支		570	-30	-30	-30	160	-40	600
当月収支		120	50	-30	-200	160	-300	-200
次月繰越		420	470	440	240	400	100	100

資金繰り表は、経常収支、設備等収支、財務収支の項目からできている

フロー(営業CF)＝回収、投資キャッシュフロー(投資CF)＝投資、財務キャッシュフロー(財務CF)＝調達と一致します。

　この会社の場合は営業CFが△200万円とマイナスになっていますので回収ができていないことがわかります。

　投資CFは機械を600万円で買っていますので△600万円です。

　財務CFは銀行からの借入金が600万円増えているので＋600万円となっています。投資分を設備資金として調達しているためお金が減っていません。回収ができていない営業CFのマイナス分のお金が減っていると見ることができます(図11)。

中小企業に作成義務のないC／Sが、実は一番身近な財務諸表なのです。月次決算をきちんと締めることができていない会社でも資金繰り表はどんな形であれ、作っているはずです。その資金繰り表を営業CF・投資CF・財務CFという視点で再度分析してみるとお金がどのように動いているか、調達・投資・回収のバランスがどうなっているかが、よく理解できます。

図11 C／Sが一番身近な財務諸表

(万円)

	当期
税引前当期純利益	△200
減価償却費	300
売掛金の増加	△100
在庫の増加	△100
仮払金の増加	△100
Ⅰ.営業キャッシュフロー	△200 ― 回収
機械の増加	△600
Ⅱ.投資キャッシュフロー	△600 ― 投資
借入金の増加	600
Ⅲ.財務キャッシュフロー	600 ― 調達
現預金増減額	△200
現預金の期首残高	300
現預金の期末残高	100

お金を「調達」し、「投資」に回し、「回収」していく

1-3 「利益が出ているのにお金が減っていくのはなぜ?」

「先代には『利益とお金(現預金)は別だから注意しろ』と耳にタコができるほど言われたんですが、よく意味がわからなかったんです。僕の場合、赤字だからお金が減っていても仕方ないと思うんですけど、利益が出ているのにお金が減ることってあるんですか?」

・・・・・・・・・

お金の増加と利益が一致しない。これが会計を難しくさせている大きな原因です。

利益はP/Lで計算しますが、お金の動きと一致しない項目が多数あって、それが会計上の利益と経営者の資金繰りの算段との差になっているのです。

P/Lに出てこないのに、お金が減る原因は3つあります。

1つ目の原因は、設備などの大きな買い物をしたときに出ていくお金がP/Lに載らないことです。

投資をしたときにお金が減るのは簡単に理解できます。しかし、費用にするためには減価償却という会計上の手法をとり何年かにわたって分割して計上していくため、利益とお金

が乖離していきます。ここがわかればP/Lと資金繰りのズレの根本的な要因を理解できるので、次節で解説します。

下町工場株式会社でいうと、今期機械を買った600万円はいったん利益とは関係なく投資CFとして出ています。

2つ目の原因は、「借入金」の返済などの財務CF項目です。

借入金の返済も利益のマイナスと考えている経営者がたまにいますが、借入金の返済はもちろん利益とは関係ありません。借入金の返済と一緒に支払う**「利息」**だけがP/Lの費用となります。財務がわかっている経営者は月々の返済について「銀行への支払いは合計いくら」ではなく「返済いくら、利息いくら」ときちんと理解しています(図12)。

図12 借入金の返済とその利息

借入金の返済は利益と関係ないので、
B/Sの負債に計上されている「借入金」が減る

借入金の返済の利息分は、
営業外費用に「支払利息」として、P/Lに計上する

3つ目の原因は、営業CFでも利益とお金の差が出てしまうことです。たとえば売掛金。6月に商品を売っても回収は7月という掛け払いの取引は、会計上は商品を売った段階で売上を計上します。

　しかし、お金が回収できるのは来月です(図13)。このズレは永遠に残ります。売上に季節変動がなかったり、どの月もだいたい同じ推移であればそれほどのズレは出ませんが、成長企業の場合は、どんどんズレが大きくなっていきます。

　下町工場株式会社の場合も売掛金の200万円は今期売上に上がっているのに回収は来期になりますから、利益は上がるもののお金は増えません。

　このお金が増えない部分を運転資金として資金調達しないと、いわゆる「黒字倒産」をしてしまいます。

図13　お金の流れを確認する

商品を20万円で売った場合

6月	売上	・P/Lの売上高に20万円計上する ・B/Sの売掛金に20万円計上する
7月	回収	・B/Sの現預金が20万円増える　← 6月に商品が売れても、お金が入るのは7月 ・C/Sの営業CFが20万円プラスになる ・売上時に計上したB/Sの売掛金20万円がなくなる

また、在庫もズレの原因です。在庫は仕入代金を支払ったときにお金が減りますが、P/L上原価になるのは売ったときです。つまり、**仕入れ→売上→回収という長いサイトを通してやっとお金が増えるのです**(図14)。

図14　さらに、お金の流れを確認する

商品を10万円で仕入れて、20万円で売った場合

4月　仕入れ
- B/Sの在庫に10万円計上する
- B/Sの買掛金に10万円計上する

5月　支払
- C/Sの営業CFが10万円マイナスになる
- B/Sの現預金が10万円減る
- 仕入時に計上したB/Sの買掛金10万円がなくなる

6月　売上
- P/Lの売上高に20万円計上する
- B/Sの売掛金に20万円計上する

7月　回収
- B/Sの現預金が20万円増える
- C/Sの営業CFが20万円プラスになる
- 売上時に計上したB/Sの売掛金20万円がなくなる

仕入れから回収まで、長いサイトを通してお金になっていく

1-4 「思ったより利益が出ていないのは?」

「利益とお金(現預金)が一致しないということは、逆に利益が出ていないのにお金が増えることもあるんですか? だとしたら利益を出さなくていいということになりませんか?」

・・・・・・・・・

利益を出さなければ、いつかは必ずお金が減りますから、絶対にダメです。

しかし、「お金が増えているのに利益が出ていない」ということもあります。

借入による調達を増やしていった結果、赤字なのに現預金が増えていくということはよくあります。これで利益が出ていると勘違いしてしまうと非常に危険です。借入による資金調達は重要ですが、きちんと毎月試算表を見てこの状態にならないようにしなければいけません。

他の要因としては、**「減価償却費」**が考えられます。

たとえば機械に投資した場合、**機械は通常資産になるため、B/Sに計上されます。**すると、P/Lで利益を計算するとき

には出てこなくなってしまいます。

　でも機械を使って収益を得ているのに、利益の計算に関係ないのはおかしいですよね？　だからといって何年間か使う機械を買った年に全額費用にしてしまうとその年だけ大きく費用が出て、翌年からはまったく出てこないというおかしな状態になってしまいます。

　たとえば、機械を5年の間使うのであれば、機械の購入費用を5年間に割り振って費用に計上すべきです。

　そこで**「減価償却」**という考えが出てきます。

　減価償却とは何年にもわたって使う資産を、使用する年数で毎年費用化していく手法です。

　先ほどの5年で使う機械が1,000万円したのであれば、**毎年200万円ずつP／Lの減価償却費に費用としてあげていきましょう**、というルールです。その分、**資産にあがっていた機械1,000万円は毎年200万円ずつB／Sの金額を減らしていきます。全部費用になったときにB／Sからも消える**というわけです(図15)。

図15 機械に投資したお金の流れ

購入年に、B／Sの「固定資産」に「機械」で計上し、毎年200万円ずつ減らしていく
毎年、P／Lの「減価償却費」に、200万円ずつ計上する

初年度は前節のようにお金が先に出ていってしまいますが、2年目以降はお金は出ていかず、P／L上に「減価償却費」として計上されるので、**お金は減っていないけれど利益が減る**という状態になります。

　この状態はB／Sの資産がすべて費用化され、B／Sからなくなるまで毎年続いていきます。

　下町工場株式会社の場合、2代目社長が600万もする機械を購入したため、減価償却費が前年に比べて100万円上がり、300万円となっていました。P／Lの当期純利益は△200万円なので、お金が出ていかない会計上の経費である減価償却費300万円がなければ、△200万円＋300万円＝100万円の黒字でした(図16)。

　減価償却費を知らない社長では利益が出ていると思っていたのかもしれませんね。

今回購入した機械は6年で減価償却したため、減価償却費は600万円÷6年＝100万円となります。

図16 減価償却費を忘れてはいけない

P/L　　　　　　　　　　（万円）

	当期
売上高	2,200
売上原価	1,800
（うち減価償却費）	(300)
売上総利益	400
販管費	550
営業利益	△150
営業外費用	
支払利息	50
経常利益	△200
税引前当期純利益	△200
法人税等	0
当期純利益	△200

減価償却費の「300」がなければ、売上原価は「1500」

黒字と勘違いしてしまった原因

売上原価の「300」が引かれて当期純利益が「100」で黒字となる

減価償却費が計上されると、お金は減っていないが利益が減る

1-5 「どんな財務諸表ならいくら銀行から借りられるの?」

「今期は銀行が貸してくれたから資金が回ったことがよくわかってきました。来期も銀行から借りられますかね? そもそも銀行はいくらまで貸してくれるんですか?」

会社の状況によってかなりの差がありますが、シンプルに考えると銀行は借入の返済が可能かどうかを見ています。「実質の借入金を何年で返済できるか」で考えるとよいでしょう。通常なら5年以内、10年を超えるとプロパー融資での借入は厳しくなります。

運転資金は事業継続に必要な資金ですから、借り続けていて問題ありません。現在の銀行借入残高から運転資金を引いた実質借入金を5年で返せるかどうかです。

下町工場株式会社の場合、運転資金は1-2で計算した売掛金200万円+在庫200万円−買掛金200万円=200万円ですから、現在の長期借入金1,300万円から運転資金200万円を引いた1,100万円が実質借入金となります(図17)。

プロパー融資……銀行が信用保証協会(以下、保証協会)の保証なしに出す融資

図17 実質借入金を知る

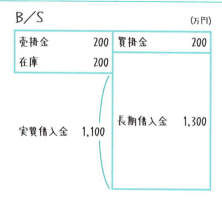

実質借入金をきちんと把握しよう

　これを利益から返済していくのですが、お金が出ていかない経費である減価償却費分は利益以上にお金がプラスになっているので、当期純利益に減価償却費を足した**「簡易キャッシュフロー」**で返済できるかを考えます。

　下町工場株式会社は、当期純利益が△200万円で減価償却費が300万円ありますから、△200万円＋300万円＝100万円が簡易キャッシュフローとなります(図1、2)。

　先ほどの実質借入金1,100万円を100万円で割ると、11年となってしまいます。機械投資が大きかった割に利益が出ていないことが原因でしょう。来期のプロパー融資は厳しいかもしれません(図18)。

図18 簡易キャッシュフローで考える

当期純利益△200＋減価償却費300＝簡易キャッシュフロー-100

10年以内に抑える努力が必要

　また、固定資産などへの投資のうち、自分のお金でまかなえていない部分を実質借入金と見る銀行もあります。

　下町工場株式会社の場合、建物400万円と機械500万円が固定資産として計上されているので、固定資産への投資は900万円です。一方、自分のお金である純資産の部は0なので、900万円全額が実質借入金と見られます。先ほどの1,100万円より小さくなりましたね。こちらで返せる年数を計算すると900万円÷100万円＝9年となりますので、なんとか10年以内におさまります（図19）。

　どちらの計算方法の実質借入金が大きくなるかは会社によって異なりますが、大きいほうの数字でも銀行から借りられるようにすべきでしょう。

図19 固定資産−純資産で実質借入金を見る

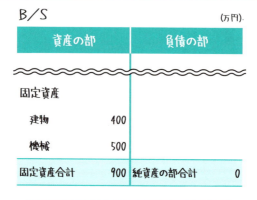

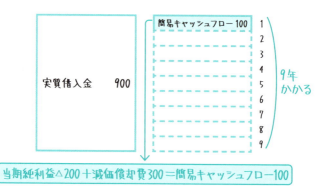

実質借入金は、固定資産−純資産で見られることもある

1-6 「借入金はいくらが適正なの?」

「そうですか。少し厳しい状況になっているのがよくわかりました。きちんと利益を出さないと銀行との取引条件はどんどん悪くなりそうですね。怖いので早く借金は返したいのですが……」

・・・・・・・・・

お金がないと会社は潰れるわけですから、手元の資金は多ければ多いほうがよいです。

手元の資金で置いておく限り、借金はいつでも返せますから、いくらあっても問題ありません。

まず、借金を理解し、むやみに怖がらないようにしましょう。

借金は大きく2種類に分けられます。**「設備投資のための借入」**と**「運転資金のための借入」**です。

設備投資のための借入は、出店や設備など大きな投資に紐づいて借りるもので、返済期間もその投資を回収する期間に見合うよう長期に設定するのが一般的です。

この設備投資のための借入は、投資に合わせて確実に行うべきです。

今回の機械への投資600万円も、きちんと借入600万円の増加でまかなっているので正しい判断です。
　一方、運転資金のための借入の適正額ですが、まず先ほどから出ているいわゆる「運転資金」部分は事業に必要な資金ですから、借りておくべきです。
　問題は、会社が必要とする運転資金以上に銀行が貸してくれる場合です。
　会社を守ることを考えると、大口取引先の撤退など、想定しうる最悪の事態が起きたとして事業を回復させるまでにどれくらいの時間がかかるか、その期間の損失をまかなえるお金があるのが理想です。
　業種業態によって回復までにかかる時間はまったく違うので、現実的ではない金額になってしまう会社もあるかもしれません。その場合は、**銀行が貸してくれる限度額まで借りて最大限お金を持っておく、という財務戦略をとる**べきです。
　銀行はお金を貸したいものの、財務状況や他行からの借入額、年商に対する借入額などを勘案しながら提案してきます。借入過多の状態になるとそれ以上借りられなくなるので、そこまでは借りてお金を最大限手元に残しておくべきです。
　もう一つ、借入を増やしすぎると返済が大変になるという方も多いのですが、返済が進むと、銀行は追加融資の提案をします。図11のC／Sでイメージすると、財務CFのところが増えたり減ったりするだけです。それは、企業の調達・投

資・回収の基礎である調達活動なのです。

　もし営業CFが出ない状態になったら資金が減っていくので、本来はこの段階で調達したいところですが、銀行は雨の日に傘を貸さないといわれるように、赤字の会社や営業CFがマイナスの会社の融資には消極的です。

　追加融資が難しくなったら、リスケジュールつまり返済を猶予してもらって、財務CFをマイナスにしないという対応が必要になってきます。

　ただし、銀行からの追加の資金調達はできなくなるので、営業CFをプラスにしない限りお金は減り続けてしまいます。お金が底をついたときに会社は潰れますから、平常時から現預金残高を最大化して有事に備えておき、倒産危機を回避する時間を確保しましょう。

リスケジュール……銀行からの新規の借入ができないときに、返済のスケジュールを変える

1-7 「銀行は財務諸表のどこを見ているの?」

「やはり銀行と付き合っていかないと潰れやすい会社になってしまうんですね。そうなると銀行の考え方を理解しないといけないと思うんですが、銀行はうちの財務諸表をどのように見てるんですかね?」

• • • • • • • • •

経営者が、銀行の財務諸表の見方を理解しているかどうかは、事業拡大のスピードを大きく左右するため非常に重要です。会計事務所任せにせず、以下の点をチェックしましょう。

①B/S

まずB/Sでは「**会社の価値**」を見られます。会社の価値がマイナスの場合、融資は難しいからです。

ただし気をつけなければならないのは、銀行は中小企業の財務諸表を信用していないことです。

中小企業の財務諸表は節税のために利益を圧縮していたり、融資を引き出すために粉飾していたり、現実の数字とかけ離れている可能性が高いため、実態の数字に置き換えて分析を

しなければいけないのです。

　たとえば、売掛金の中におかしな動きのものがないか、架空売上はないか、回収不能ではないか、と疑って分析をします。また、前期以前のB／Sと比較して、売掛金や在庫が急に増えていれば、粉飾を疑い、その理由を確認します。

　また、「仮払金や貸付金は実際にどのように回収していくのか、そもそも回収可能性があるのか？」という目線で分析します。特に、経営者への貸付金があると非常に嫌がられます。銀行から借りた資金を経営者の個人的な用途に流用した、と見られるからです。

　赤字になりそうだから、費用を削って黒字にしたいと会計事務所にお願いすると、費用を減らした分「役員貸付金」として処理されている場合も多いので注意が必要です。

　このようにB／Sを実際の状態に直していって評価するので、表面上プラスになっていても実態のB／Sがマイナスだと融資対象外として扱われるので注意が必要です。

　下町工場株式会社も、売掛金・在庫が100万円ずつ増えているので、増えた理由を確認されます。また、仮払金の100万円は回収不能と判断されると、会社の価値が0から△100万円になってしまうので融資を受けるのが難しくなるでしょう。社長への貸付金でないことを祈ります**(図20)**。

　経営者として自社の実態B／Sがわからないと経営判断ができないので、第3章で決算書の直し方を詳細に解説します。

役員貸付金……法人が役員に対して貸付をしているお金

図20 銀行は、下町工場株式会社のB/Sをこう見る

(万円)

資産の部		負債の部	
	当期		当期
流動資産		流動負債	
現預金	100	買掛金	200
売掛金 ←架空売上はないか?	200	流動負債合計	200
在庫	200	固定負債	
仮払金 ←回収不能ではないか?	0 ~~100~~	長期借入金	1,300
		固定負債合計	1,300
流動資産合計	500 ~~600~~	負債合計	1,500
固定資産		純資産の部	
建物	400	資本金	100
機械	500	利益剰余金	△200 ~~△100~~
		(うち当期純利益)	(△300) ~~(△200)~~
固定資産合計	900	純資産の部合計	△100 ~~0~~
資産合計	1,400 ~~1,500~~	負債純資産合計	1,400 ~~1,500~~

銀行が会社の価値を△100万円と判断したら、融資を受けるのが難しくなる

1-4 「思ったより利益が出ていないのは?」……38
- 図15 機械に投資したお金の流れ……40
- 図16 減価償却費を忘れてはいけない……42

1-5 「どんな財務諸表なら いくら銀行から借りられるの?」……43
- 図17 実質借入金を知る……44
- 図18 簡易キャッシュフローで考える……45
- 図19 固定資産-純資産で実質借入金を見る……46

1-6 「借入金はいくらが適正なの?」……47

1-7 「銀行は財務諸表のどこを見ているの?」……50
- 図20 銀行は、下町工場株式会社のB／Sをこう見る……52
- 図21 銀行は、下町工場株式会社のP／Lをこう見る……54
- 図22 B／Sを2期比較して、C／Sを作る……57

1-8 「オーナー社長の給与は いくらにすればいいの?」……58
- 図23 オーナー社長の出口戦略……60

1-9 「代表取締役と株主って何が違うの?」……61
- 図24 会社は誰のもの?……63

1-10 「こんなに税金って払わなきゃいけないの?」……64
- 図25 会社の価値を知る……65
- 図26 会社の価値は、当期純利益で決まる……66
- 図27 節税でお金は減っていく……67
- 図28 節税と税額控除の違い……68

第2章
財務諸表は三角でわかる

2-1 貸借対照表（B／S）は調達→投資→回収の三角で考える……70
- 図29 現預金と借入の関係……71
- 図30 投資する……72
- 図31 P／Lは利益を計算する表……73
- 図32 B／Sは三角でわかる……74

2-2 B／Sの左右は上下逆の三角で考える……75
- 図33 B／Sの右側は三角を目指す……77
- 図34 B／Sの左側は逆三角を目指す……78

2-3 流動比率と自己資本比率……79
- 図35 流動資産＞流動負債……80
- 図36 流動資産＜流動負債……80
- 図37 自己資本比率……82
- 図38 自己資本比率を上げるダメな方法……83

2-4 P／Lは5つの利益からできている……84
- 図39 P／Lは5つの利益から成る……86
- 図40 B／SとP／Lの関係性……88

2-5 キャッシュフローが一番大事……90
- 図41 営業CFでお金の流れを見る(1)……91
- 図42 営業CFでお金の流れを見る(2)……92
- 図43 営業CFの簡易計算方法……93

2-6 B／Sは2期比較してお金の流れを読む……96
- 図44 2期比較したB／S……97
- 図45 2期比較後のC／S……99

図67 過剰在庫をなくす ……160
図68 もっと営業CFが改善 ……161

5-4 支払いを遅くしよう！ ……162
図69 買掛金を増やす ……163
図70 B／Sをマネジメントして、現預金を増やす ……165

5-5 調達を大きくしよう！ ……166
図71 100万円を借りる ……168
図72 財務CFに注目 ……169

おわりに ……171

2-7 シミュレーション……100

①資本金300万円で会社を設立する……100
図46 会社設立……101

②創業融資を受ける……102
図47 創業融資……103

③店舗を借りる……104
図48 店舗……105

④商品を仕入れる……106
図49 仕入れ……107

⑤掛けで売る……108
図50 商品の販売……109

⑥減価償却費を計上する……110
図51 減価償却……111

⑦税金を計算する……112
図52 税金……113

第3章
中小企業の財務諸表は間違えている

3-1 企業会計と税務会計……116
図53 企業会計と税務会計の違い……118

3-2 税理士の作る決算書は間違えている……119

3-3 申告書・内訳書を見てみよう……122
図54 株主構成をチェック!……123
図55 繰越欠損金をチェック!……125
図56 財務諸表の内容をチェック!……127

3-4 財務諸表を直そう……128

第4章
こんな財務諸表はヤバい！

4-1 資金調達余力がない ……134
図57 B／Sの安全度を回復させる ……135

4-2 流動比率だけではわからないピンチ ……137
図58 流動資産＜流動負債の財務諸表は不安 ……138

4-3 実質債務超過 ……139
図59 利益剰余金がマイナス ……139
図60 純資産の部がマイナス ……140
図61 債務超過を抜け出す ……142

4-4 借入で保険を払っている ……143
図62 節税保険のワナ ……145

4-5 経常利益がずっと赤字 ……147

第5章
ここを変えれば、会社は強くなる！

5-1 現預金残高が一番大事！ ……152

5-2 回収サイトを早くしよう！ ……153
図63 回収をきちんと考える ……154
図64 営業CFも改善 ……155
図65 回収のサイトを調整する ……157
図66 さらに営業CFが改善 ……158

5-3 在庫を減らそう！ ……159

②P/L

P/Lでは、**本業の利益が一番重要視されます。**P/Lの**「経常利益」**です。ただ、単純に経常利益がプラスになっていればいいという問題でもなく、銀行は最低3期の数字の動きを見てトレンドを読んでいます。今後の返済余力があるかを分析するので、売上が縮小傾向だったり、収益性が落ちていたりすると、融資を縮少する必要があると判断しなければいけないからです。

さらに、粗利率に大きな変動はないか、販管費に大きな変動がないかなどを分析し、B/Sで架空売上がないかを確認するのと同様に、粉飾や過度な節税をしていないかの確認をP/Lでも行います**(図21)**。

特にお金が出ていかない会計上の費用である減価償却費は、赤字のときには計上しないという会社もありますが、残念ながら銀行はわかっています。減価償却費が計上されていなかったり、過度に少なかったりする場合には銀行の側で計算して、利益を減らしてしまうので注意が必要です。

また、経常利益を最も重視するため、経常利益の後に今期だけ特別計上される保険金収入や固定資産売却益などの特別利益はあまり重要視しません。あくまで本業で毎年利益が出ていて、この先も利益が出そうなのか、返済ができそうなのかを見ています。

図21 銀行は、下町工場株式会社のP/Lをこう見る

(万円)

	当期	前期
売上高	2,200	2,000
売上原価	1,800	1,400
（うち減価償却費）	(300)	(200)
売上総利益	400	600
販管費	550	470
営業利益	△150	130
営業外費用		
支払利息	50	30
経常利益	△200	100
税引前当期純利益	△200	100
法人税等	0	30
当期純利益	△200	70

- 売上高: 縮小傾向ではないか？
- （うち減価償却費）: きちんと償却しているか？
- 売上総利益: 粗利率に大きな変動はないか？
- 販管費: 大きな変動はないか？
- 経常利益: 銀行は、ここを重視している

銀行は、返済余力があるかをきちんと見ている

③C/S

　中小企業はC/Sを作っていない場合がほとんどですが、B/Sの増減で資金分析をしています。第2章でB/Sの2期比較のやり方を紹介しますが、**B/Sを2期並べて減価償却費を調整すると、C/Sが作れてしまいます。**いくら会計処理を操作しても、現預金だけは嘘をつかないことを銀行は知っていますから、**C/Sは重要な分析資料になります。**

　下町工場株式会社のB/Sを2期並べてみると(図1)、現預金が200万円減っています。この原因がC/Sの営業CF・投資CF・財務CFのどの部分にあるか、を分析しています。

　財務CFは借入金の増加額を見ればわかります。前期より借入が600万円増えているので、財務CFは＋600万円。

　投資CFは機械を買った600万円分がマイナスになるので、△600万円になるはずです。B/Sの固定資産の増減を見ると、建物増減△100万円＋機械増減400万円＝300万円しか増加していないように見えますが、固定資産は減価償却している分、B/Sから減っています。そこでP/L(図2)から減価償却費300万円を見つけてきて、固定資産の増加額300万円に足すと300万円＋300万円＝600万円となり、投資した金額がわかります。

　投資CFと財務CFがトントンなのに現預金が200万円減っているので、残りの営業CFが△200万円ということにな

りますね(図22)。

　銀行は営業CFを注意深く見ますので、下町工場株式会社も気をつけなければいけません。

　P／Lが毎年プラスでも、営業CFが2期連続赤字だと、粉飾決算を疑われる可能性があるため、どんな理由でそうなっているかをきちんと説明する必要があります。

図22 B／Sを2期比較して、C／Sを作る

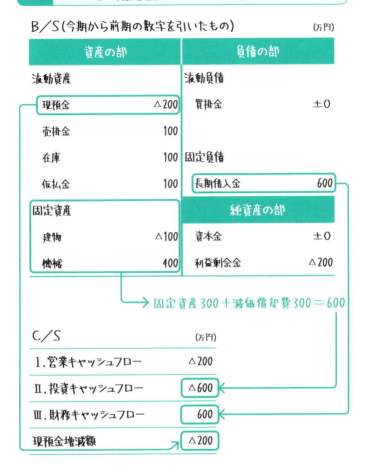

営業キャッシュフローが2期連続赤字のときは注意

1-8 「オーナー社長の給与はいくらにすればいいの?」

「仮払金は僕が会社のお金をちょっと借りちゃってたんです。すみません。給与を顧問税理士に税率を考えて決めてもらったんですが、足りなくて少し持ち出してしまったんです。給与を少し上げてもいいですかね? 他の社長さんはどうやって給与を決めてるんですか?」

・・・・・・・・・

オーナー社長の給与は、中小企業のP／Lに大きなインパクトを与えます。給与1,000万円で利益0円の会社と給与0円で利益1,000万円の会社の利益は実質的に同じですが、財務諸表の利益は1,000万円違います。

では、いくらが適正なのでしょうか? 法人税と個人の所得税の税率を勘案して決めているケースをよく見ますが、税率でいえば年間695万円超の個人所得で所得税23%、住民税10%の計33%と、法人所得800万円超の実効税率とほぼ同じになってしまいますから、個人ではあまりとらないほうがよい、という判断になってしまいます。

しかし、会社と社長はそもそも別人格です。社長の給与を

決めるためには、法人の利益をどのようにするかと同時に、社長個人の生活水準と今後のライフプランも考慮しなければいけません。

 生活費がいくらかかって、趣味にいくら使って、子供にいくらお金が必要で、何歳まで働いて、老後はどのように過ごすのかを考えて、どのくらい資金が必要なのかを算出します。

 何歳までいくらの役員給与をもらって、いくら退職金をもらってといった具合に計算していかなければ、その適正額は算出できません。ただし個人のライフプランで適正な役員給与が算出できても、その金額を払うと会社の利益が赤字になったり、銀行に応援されない利益水準になってしまったりしてはいけません。

 下町工場株式会社の場合は、経常利益がマイナスになってしまっているので、来期以降回復させる計画が立てられないのであれば役員給与を減らす必要があるかもしれません。

 また視点を変えると、ほとんどの中小企業の社長はその会社の株主でもありますから、会社の株主としての出口戦略も考慮する必要があります。

 会社の株主としての出口戦略は、株式上場(IPO)、会社売却(M&A)、親族内承継、清算、倒産の5つしかありません(図23)。中小企業のほとんどは、M&Aか親族内承継でしょう。M&Aにより売却するのを出口とするのであれば、老後の資金は株式の売却代金でまかなえるかもしれません。株

価を上げるために役員給与を低くして内部留保を多くしておくという戦略もとれます。

親族内承継の場合は、退職金を最大限とることで、株価を下げて子供に承継し、退職金と会長職などの収入で暮らしていくことになるのかもしれません。

いずれにしても、個人の財務戦略抜きに社長の給与は決められません。

図23 **オーナー社長の出口戦略**

IPO	株式公開して、資金を調達する
M&A	会社を売却する
親族内承継	子どもや孫などに事業を承継する
清算	会社を清算する
倒産	資金繰りがうまくいかず、破産する

出口はたった5つしかない

1-9 「代表取締役と株主って何が違うの?」

「出口戦略ですか。考えたこともありませんでした。今年から社長になりましたが、株は親父からまだもらってない気がするんですよね。そもそも代表取締役と株主って何が違うんですか?」

・・・・・・・・・

株主は、会社のオーナーつまり所有者です。**代表取締役は、株主から選ばれて会社の経営をしていく人**です。

株式会社の仕組みを簡単に説明します。

まず、元手となるお金を出してくれる人がいないと商売が始められませんので、**「資本金」**という元手を出してくれる人が**「株主」**です。

株主はお金を出してあげるから、そのお金を元手に儲けて還元してほしいという意図で出資をします。会社が利益を出して純資産が増えたら、会社の価値も上がるので、株主の財産が増えたことになります。

株主としては、その利益を会社からの配当金でもらったり、先ほどの出口戦略の一つであるIPOやM&Aを目指してもら

い、会社の価値を高めて誰かに高く売って儲けようと考えたりします。

　そのためには、優秀な人に運営してもらいたいと思うはずです。このお金を使ってうまく事業を運営していく人が必要となります。その役割を担うのが代表取締役です。株主は取締役を選ぶ権利を持っているので、うまく経営してくれそうな人を取締役に選任します。取締役の中の代表者が代表取締役となり会社を経営していきます。

　中小企業の場合は、優秀な経営者を雇うことが難しいため、株主自身や親族が代表取締役となるオーナー社長が多いのです。

　代表取締役はうまく会社を経営できない場合、株主からクビにされてしまう可能性があります。この2代目社長も会社の価値を落としていますから、株主である先代からクビにされてしまうかもしれませんね。そうなる前に数字を理解して、きちんと利益を出していかなければいけません。

図24 会社は誰のもの？

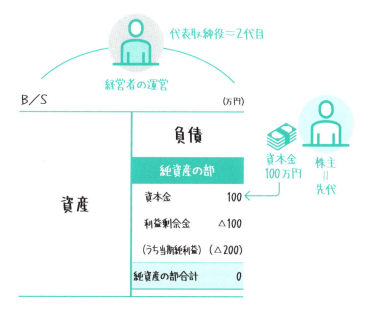

代表取締役は、株主から選ばれて会社の経営をしていく人
株主は、資本金として元手を出してくれる人

「こんなに税金って払わなきゃいけないの?」

「先代のやっていた前期は、30万円も税金を払ってたんですね。僕は減価償却費のおかげで赤字にしてしまったけど、税金も払わなくてよかったから得してますよね? でも来期から黒字になるように頑張ろうと思っているんですが、そうすると税金を払わなきゃいけないのが嫌なんですよね……」

• • • • • • • • •

税金を払わないと、絶対に会社の価値は上がりません。

P／Lの税引後の当期純利益の積み重ねがB／Sの会社の価値を上げていきます。

会社の価値とは一言でいうと、**「創業してから今までにいくら儲けたか」**です。

P／Lは5つの利益がありますが、B／Sに流れていくのは**「当期純利益」**です。当期純利益の前には**「法人税等」**があり、**「税引前当期純利益」**をもとに計算した法人税等を差し引いた利益です。つまり**法人税等を支払わない限り、会社の価値は上がらないのです**(図25)。

図25 会社の価値を知る

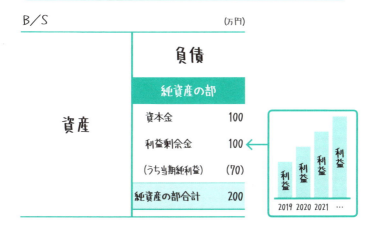

**法人税等を支払った後の、
当期純利益が会社の価値を上げていく**

　前期は税引前当期純利益100万円に対して30万円の法人税等を払ったから当期純利益が70万円残り、会社の価値が上がりました。今期は法人税等はゼロですが、当期純利益は200万円の赤字なので会社の価値は200万円下がり、先代が200万円にしてくれた価値をゼロにしてしまったのです（図26）。

図26 会社の価値は、当期純利益で決まる

P/L (万円)

	当期	前期
売上高	2,200	2,000
売上原価	1,800	1,400
（うち減価償却費）	(300)	(200)
～～～～～～～～		
経常利益	△200	100
税引前当期純利益	△200	100
法人税等	0	30
当期純利益	△200	70

〈価値が下がっている〉
B/S 純資産の部（当期） (万円)

純資産の部	
資本金	100
利益剰余金	△100
(うち当期純利益)	(△200)
純資産の部合計	0

〈価値が上がっている〉
B/S 純資産の部（前期） (万円)

純資産の部	
資本金	100
利益剰余金	100
(うち当期純利益)	(70)
純資産の部合計	200

毎年、価値を上げていくことが求められる

多くの中小企業が、法人税を払いたくないからと生命保険などの節税商品を買い、販管費を増やして営業利益を減らし、会社の価値を落とし、銀行からの評価を下げてしまっています。

　さらに言えば、ほとんどの節税は今払わないだけでいつかは払わなければいけない節税です。

　そもそも法人税等の実効税率は所得800万円超で約33％、それ以下の部分は20％台です。法人税が40％台の時代はたしかに高い感覚があったかもしれませんが、現在はそれほど大きい税率ではないともいえますし、節税に使ったお金の33％しか法人税は減らないのですから67％はお金が社外に流出してしまっていることになります(図27)。**そのお金を節税に使わずに「投資」に使い、「回収」を大きくするほうが、会社の未来が明るくなる**のではないでしょうか。

図27　節税でお金は減っていく

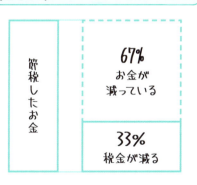

節税で使う予定の金を、投資に使うほうがいい

ただし、法人税だけを減らす**「税額控除」**という税制を使った節税は絶対にすべきです。複雑な税制のため詳細は割愛しますが、たとえば人件費など1回経費になっているものを、税金計算のときにさらに一定額を控除してくれるという制度です。この制度を使えば「税引前当期純利益」を減らさずに「法人税等」だけ減らせるので「当期純利益」が増え、純資産の部が増えることになります。ぜひ確認してみてください。

図28 節税と税額控除の違い

税額控除……中小企業投資促進税制や雇用者給与等支給額が増加した場合の税額控除(所得拡大促進税制)などがある。

第2章

財務諸表は三角でわかる

貸借対照表（B／S）は調達→投資→回収の三角で考える

財務諸表を見る感覚はつかんでいただけましたでしょうか。

第2章では簿記の知識がなくても「貸借対照表（B／S）」「損益計算書（P／L）」「キャッシュフロー計算書（C／S）」の3つの財務諸表（計算書）がわかるように、簡単に解説していくと同時に各財務諸表のつながりについても説明していきます。

まずは、一番わかりづらいB／Sからいってみましょう。

B／Sは、「調達」（お金を集める）「投資」（お金を事業に投資する）「回収」（利益を出して回収する）という経営活動をまとめているだけです。

一連の流れを見ながら大枠をつかんでみましょう。

最初は、お金を調達するところからです。銀行で借入をすると、B／Sの右側に**「借入金」**という項目があらわれます。

たとえば、1,000万円借りたとします。右側に借入金1,000万円と記載されます。一方、この借入によって現預金が1,000万円が手元にくるので、左側に**「現預金」**1,000万円と記載され、右と左が一致します (図29)。

図29　現預金と借入金の関係

B/S

| 現預金 1000万円 | 借入金 1000万円 |

右と左の数字は必ず一致するようにできている

　お金のまま持っていても利益が出ませんので、何かに投資します。

　仕入れをしたり店舗を構えたりすると現預金が減り、商品や建物に投資している状態になります。

　たとえば**「商品」**を300万円分仕入れて、店舗の**「内装」**に500万円を使うと、現預金が800万円減り200万円になります**(図30)**。

内装＝財規によれば、「建物」に該当するが、わかりやすく「内装」と表現しています。

図30 投資する

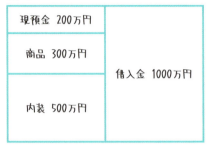

現預金800万円を使って、商品と内装に投資した状態

　次に、商品を仕入れ以上の価格で売って利益を出します。すると商品(在庫)が減り、現預金が増えます。

　たとえば100万円の商品を200万円で売ったら、現預金200万円－商品100万円＝100万円の資産が増えています。これが**「利益」**です。この利益をP/Lで計算します。

　P/Lはシンプルで、商品を売り上げた金額200万円から商品の**「売上原価」**100万円を引いて利益を計算する表です。資産の増加と同じ100万円になります。

　商品が100万円減りましたが、現金が200万円増えたので、左側の合計は1,100万円・右側の合計は1,000万円となり、右と左が一致しなくなります。B/Sは必ず右と左が一致するようになるので、100万円のズレはP/Lの利益をB/Sの右下に記載することで右と左が一致します**(図31)**。

図31 P／Lは利益を計算する表

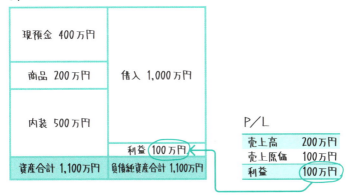

P／Lの利益は、B／Sの右下に記載される

　なぜP／Lの利益をB／Sの右下にもってくるかというと、B／Sの右側には調達方法が書かれています。回収した利益は会社自身が稼いで調達したお金なので、**「自己資本」（純資産）**として右側に書くのです。会社が出した利益はどんどんここに溜まっていきます。

　B／Sには調達→投資→回収という三角の動きが記載されています。回収はP／Lで計算し、B／Sにもってくるという感覚がつかめたでしょうか？ **（図32）**

図31の「利益」とは、便宜上、わかりやすくするための表現です。

図32 B／Sは三角でわかる

B／S

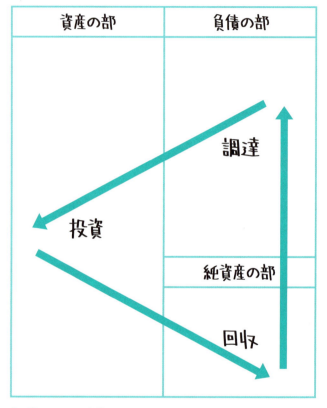

調達……お金を集める
投資……お金を事業に投資する
回収……利益を出して回収する

2-2 B／Sの左右は上下逆の三角で考える

　B／Sをもう少し丁寧に見ていきましょう。

　B／Sには、前述のように調達→投資→回収が記載されています。簡単にいうと、「お金をどう集めて何に使ったか？」です。

　B／Sの右側は「調達」です。どこからお金を集めたか、が記載されています。

　大きく分けると調達は2つに分かれます。

①返さなくてはいけないお金
②返さなくていいお金

　①の返さなくてはいけないお金を**「負債」**といいます。返さなくてはいけないというと「借金」だけのイメージを持たれるかもしれませんが、ここには買掛金や未払金など「後で払わなければいけないお金」も含まれます。

　払わなければいけない、返さなくてはいけないとはいっても支払いや返済の時期はバラバラです。そこですぐに払わな

ければいけないものと、後で払えばいいものに分けて記載することになっています。

1年以上先に払えばいいものを **「固定負債」** といいます。金融機関からの長期借入金や長期のリースの支払いなどが該当します。

一方、1年以内に払わなければならないものを **「流動負債」** といいます。すぐに出ていってしまうお金で、買掛金や未払金、1年以内に返済する借入金などが該当します。

負債は、上から流動負債・固定負債の順番で並んでいます。

②の返さなくていいお金には2種類あります。

経営者自身の貯蓄から会社に投資したり、投資家から集めたりした **「資本金」** が一つ。

もう一つは会社の今までの利益の積み上げ、つまり稼いだお金です。これを **「利益剰余金」** といいます。

資本金と利益剰余金を合わせて **「純資産」** といい、会社の正味財産、価値を表しています。こちらは負債の下に並べることになっています。

まとめるとB/Sの右側は流動負債・固定負債・純資産の順番で並んでおり、上から **「すぐ出ていくお金」「1年以上後に出ていくお金」「返さなくていいお金」** となっています。したがって、**下の数字が大きいほうが強い会社**ということになります。**B/Sの右側は三角を目指すべきです** (図33)。

図33 B／Sの右側は三角を目指す

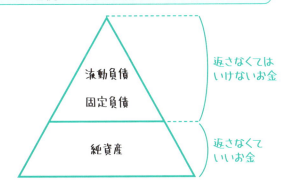

下の数字が大きいほうが強い会社である

　次に、B／Sの左側を見ていきましょう。**左側は「投資」**です。何にお金を使っているか、が記載されています。

　こちらは、すべて**「資産」**と呼びます。しかし、資産といっても現金からすぐに売れない土地までさまざまですから、こちらも負債と同じように**「流動資産」「固定資産」**の順に分けて並べます。

　流動資産には、現預金・商品・売掛金など1年以内に現金化できるものが並べられます。一方、1年以内には現金化されない、できないものが固定資産に並んでいます。建物・機械・土地などです。

　ここで注意しなければいけないのは、資産は調達した資金で構成されているということです。つまり、何かに投資する

ために、右側で調達してきているので、事業に関係のない高級車などの無駄なものが載らないようにすべきです。特に、固定資産には無駄なものが載りやすいので注意が必要です。

　現預金が多いB／Sが強いB／Sです。また、**換金しやすい流動資産の多いほうが強いB／S**といえます。

　つまり、B／Sの左側は逆三角を目指すべきです（図34）。

図34　B／Sの左側は逆三角を目指す

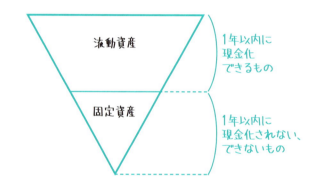

上の数字が大きいほうが強い会社である

2-3 流動比率と自己資本比率

　ここまでをまとめると、**左側が逆三角・右側が三角の左右上下逆の形が強いB／S**になります。

　では、どれくらい強いのかをどのように見ていけばよいでしょうか？

　B／Sの分析にはさまざまな指標が使われますが、ここでは安全性を示す2つのポイントを押さえておけばよいです。

　一つは、会社が短期的に資金ショートを起こさないかをみる**「流動比率」**です。

$$流動比率 = \frac{流動資産}{流動負債}$$

　このように計算します。

　この数値が100％を超えていれば、流動資産が流動負債よりも大きいことになり、短期的な支払い能力が支払い義務を上回っているので支払い余力があるということになります**（図35）**。

支払い余力があることがわかる

もし100％以下であれば、流動負債が流動資産を上回っている状態なので、1年以内に現金化できる資産よりも1年以内に返済すべき負債のほうが多く、資金がショートする可能性があるといえます(図36)。

資金がショートする可能性のあることがわかる

ただし、流動資産には、先に費用を支払っただけの前払家賃や、売れないかもしれない在庫が載っていることがあり、注意が必要です。この場合、短期的な支払いに使えないので、必ずしも100%を超えていれば大丈夫ということではありません。

また、B／Sは一定時点の残高を表しているだけであり、翌月にはまったく違う数値になってしまうことがあるので気をつけてください。

もう一つの指標は**「自己資本比率」**です。

自己資本比率はB／Sの右側の調達のうち、どれくらいを返済不要の純資産でまかなっているかを表す比率です。

$$自己資本比率 = \frac{純資産（自己資本）}{総資産（負債＋純資産）}$$

このように計算します(図37)。

つまり、右側の三角の底辺が広くなればなるほど比率が高まることになります。

図37 自己資本比率

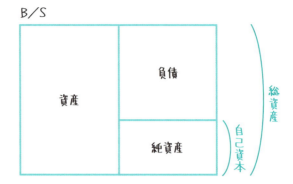

純資産÷総資産で、自己資本比率が出る

　資本金を増やす(増資する)か、利益を出して納税し、利益剰余金を蓄えていくことでこの比率が上がっていきます。一朝一夕で上がる数値ではないので、他の指標よりも参考になります。

　なお、この数値を上げることだけに着目して、純資産を増やさなくても、総資産を減らせばよいのではと考える方がいます。

　つまり、余剰な借入金を減らす方法です。手元の現預金で余剰な借入金を減らすことにより、算式の分母である総資産を減らせます。分母が減ると、分子の純資産の額が変わらなくても自己資本比率は上がります (図38)。しかし、借入金

を減らし、現預金を減らすと、会社が倒産するリスクが高まります。したがって、現預金を減らしてまで自己資本比率を上げる必要はありません。それよりも**会社が絶対に潰れない現預金を保有したうえで、いつでも借入金が返せる実質無借金経営を目指すべきです。**

その場合、自己資本比率は悪くなりますが、総資産から現預金を引いて計算した数値で管理すればいいでしょう。余剰な借入金はいつでも返済できますから。

図38 自己資本比率を上げるダメな方法

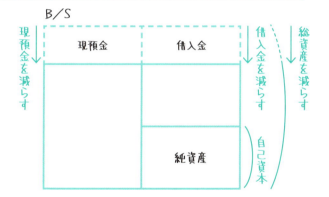

**現預金を減らすことは、
倒産のリスクを上げることにつながる**

P/Lは5つの利益からできている

続いてP/Lです。P/Lは利益を計算する表です。

利益は収益から費用を引いて計算するので、すごくシンプルです。ただし、P/Lでは5つの利益を計算するため、収益と費用の区分けが必要となってきます(図39)。

5つの利益とは、**①売上総利益②営業利益③経常利益④税引前当期純利益⑤当期純利益**です。

まず、P/Lの一番上には収益として売上高が計上されます。本業にかかる収益をここに記載します。**売上高から、その売上に直接かかる費用である売上原価を引いて①売上総利益を出します。**これは「粗利」とも呼ばれ、営業マンも管理していることが多いものです。

いくらで仕入れたものをいくらで売ったか、という直接の商いにかかる利益です。

その**売上総利益から「販売費及び一般管理費」という費用を引いて、②営業利益を出します。**
「販売費及び一般管理費」は「販管費」と呼ばれ、給与・家賃・広告その他営業活動に必要な費用がここに入ります。ほ

とんどの費用がここに入ると思っていいでしょう。粗利から営業に必要な費用を引くことによって、本業でいくら儲けたかを計算しています。

この利益が出ていない会社は、早急に改善に取り組まなければいけません。

②の営業利益に、本業に直接関係ないと考えられる収益（営業外収益）と費用（営業外費用）を足し引きしたものが③経常利益になります。「ケイツネ」と呼ばれるものです。

営業外収益には、受取利息や不動産賃貸業以外の家賃収入などが入ります。営業外費用は、主に支払利息と考えてよいとでしょう。

本業での利益に毎年出てくる本業以外の収益と費用を足し引きすることによって、企業が通常ベースでいくら稼いだのかを計算するので、臨時的な収益と費用は営業外の項目にはいれません。

その後、**臨時的な収益（特別利益）と費用（特別損失）を足し引きして④税引前当期純利益を計算します。**臨時的な損益には固定資産や有価証券などの売却や、火災による損失、それによる保険収入など、今年特別に出た利益や損失が該当します。

最後に、**税引前当期純利益をもとに法人税等を計算し、納税後の利益である⑤当期純利益を算出します。**この税引後の当期純利益が、B／Sの利益剰余金に積み上がっていきます。

図39 P/Lは5つの利益から成る

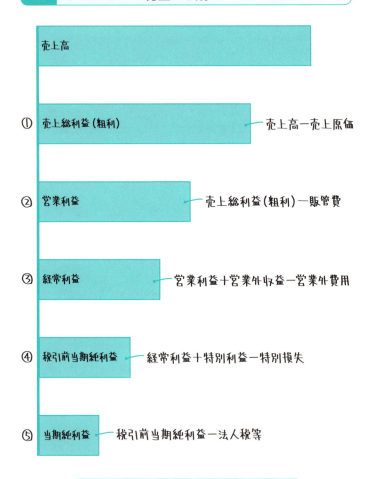

5つの利益を計算したのが、P/Lである

ここで、B／SとP／Lの関係性を確認しておきましょう。

　実は、B／SとP／Lはもともと一つです。少し複式簿記の話になってしまいますが、商取引を資産・負債・収益・費用の４つの項目に割り振っていくのが複式簿記の大きな役割です。

　そのうち、資産と負債がB／Sとして切り取られ、左側に資産、右側に負債が並べられます。

　B／Sは、右と左が一致していなければいけません。その差額が純資産の部となります。内訳は資本金と利益剰余金です。

　一方、収益と費用はP／Lとして切り取られ、収益から費用を引いた差額が当期純利益となります。この当期純利益の分、今期のB／Sの利益剰余金は増えています。収益から費用を引くとマイナスになるいわゆる赤字の場合は、B／Sの利益剰余金がその分、減ることになります。つまり複式簿記で区分した表を２つに分けただけの関係性なのです(図40)。

図40 B／SとP／Lの関係性

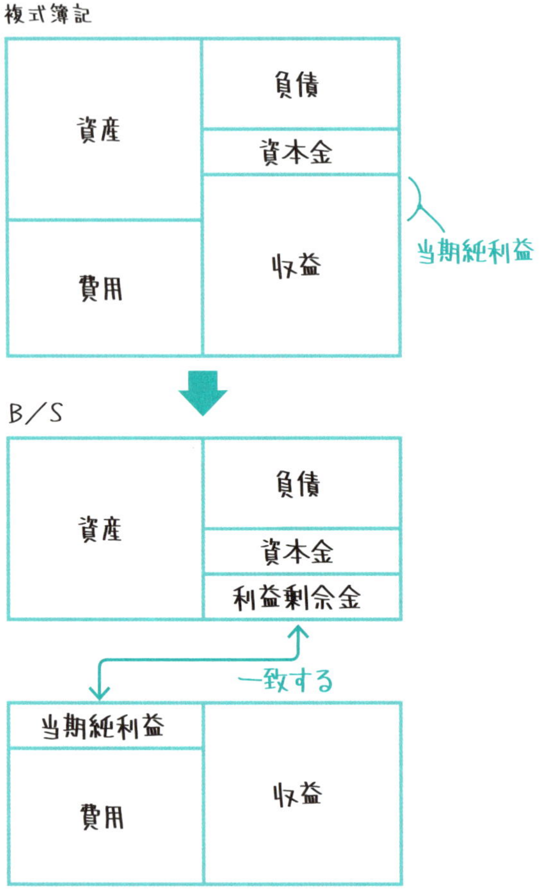

複式簿記

資産	負債
	資本金
費用	収益

⎫ 当期純利益

↓

B／S

資産	負債
	資本金
	利益剰余金

↓ 一致する ↑

当期純利益	
費用	収益

複式簿記で区分した表が、B／SとP／Lである

郵便はがき

料金受取人払郵便

渋谷局承認

6009

差出有効期間
2020年12月
31日まで
※切手を貼らずに
お出しください

150-8790

130

〈受取人〉
東京都渋谷区
神宮前 6-12-17

株式会社 ダイヤモンド社

「愛読者係」行

フリガナ		生年月日			男・女
お名前		T S H	年齢　　歳		
		年　月　日生			
ご勤務先 学校名		所属・役職 学部・学年			
ご住所 自宅・勤務先	〒				

●電話　（　　　）　　　　　●FAX　（　　　）
●eメール・アドレス

◆**本書をご購入いただきまして、誠にありがとうございます。**
　本ハガキで取得させていただきますお客様の個人情報は、
　以下のガイドラインに基づいて、厳重に取り扱います。

1, お客様より収集させていただいた個人情報は、より良い出版物、製品、サービスをつくるために編集の参考にさせていただきます。
2, お客様より収集させていただいた個人情報は、厳重に管理いたします。
3, お客様より収集させていただいた個人情報は、お客様の承諾を得た範囲を超えて使用いたしません。
4, お客様より収集させていただいた個人情報は、お客様の許可なく当社、当社関連会社以外の第三者に開示することはありません。
5, お客様から収集させていただいた情報を統計化した情報（購読者の平均年齢など）を第三者に開示することがあります。
6, お客様から収集させていただいた個人情報は、当社の新商品・サービス等のご案内に利用させていただきます。
7, メールによる情報、雑誌・書籍・サービスのご案内などは、お客様のご要請があればすみやかに中止いたします。

◆ダイヤモンド社より、弊社および関連会社・広告主からのご案内を送付することが
　あります。不要の場合は右の□に×をしてください。　　　　　　　不要　□

①本書をお買い上げいただいた理由は?
（新聞や雑誌で知って・タイトルにひかれて・著者や内容に興味がある　など）

②本書についての感想、ご意見などをお聞かせください
（よかったところ、悪かったところ・タイトル・著者・カバーデザイン・価格　など）

③本書のなかで一番よかったところ、心に残ったひと言など

④最近読んで、よかった本・雑誌・記事・HPなどを教えてください

⑤「こんな本があったら絶対に買う」というものがありましたら（解決したい悩みや、解消したい問題など）

⑥あなたのご意見・ご感想を、広告などの書籍のPRに使用してもよろしいですか?

1　実名で可　　　　2　匿名で可　　　　3　不可

※ ご協力ありがとうございました。　　　　　　　　　【財務諸表は三角でわかる】107591●3110

もう一つ、B／SとP／Lのつながりがあります。それはB／Sで「資産」としたもののうち、いつかP／Lの費用になるものがあるということです。

　たとえば、家賃を前払いした場合、まずB／Sに「前払費用」として資産に計上されますが、翌月には「地代家賃」としてP／Lで費用に変わります。「売掛金」も回収できなければ、「貸倒損失」として費用になってしまいます。

　1-4で説明した減価償却費が、その代表例です。買ったときは固定資産として、B／Sで資産に計上されます。P／Lではその期に償却する分だけ減価償却費が計上され、その分、B／Sの資産は減少します。資産を使用するものとした期間が終わった段階でB／Sの資産がなくなり、P／Lの減価償却費もなくなるという関係性です。

　この減価償却費は、P／Lの利益とお金の増減を大きくズラす原因になると説明してきました。大きい金額を使ったからお金は減っているのに、P／Lでは経費にならないからです。また、逆に２年目以降はお金が減っていないのに、前に投資した分の減価償却費が経費になるため利益を減らすという状態になります。

　このお金の流れと利益のズレを表現するのが、キャッシュフロー計算書（C／S）です。

キャッシュフローが一番大事

　C／Sは、中小企業の財務諸表として作成義務はないため、馴染みが薄いかもしれませんが、資金繰り表とほとんど同じです。

　今期の始めと終わりの現預金残高が記載され、どんな理由で増減したかを計算します。

　現預金残高はB／Sとつながっているので、当然一致します。

　C／Sでは、お金の増減を営業・投資・財務の3つの項目に分けて計算しています。

①営業CF（営業キャッシュフロー）

　本業によるお金の増減を表します。利息や法人税等の支払いもここに入れるので、P／Lの②営業利益ではなく、③経常利益から法人税等を引いたようなイメージですが、さらにP／Lとズレる要素があります。

　たとえば、売上が増えてまだ回収をしていない時点では、P／Lでは売上を計上し利益になっていますが、B／Sに売掛

金が計上されるだけで、まだ現金になっていないので営業CFはプラスになりません(図41)。

逆に商品を仕入れて、まだ支払いをしていない時点ではB/Sに買掛金が計上されるだけで、営業CFはマイナスになりません。

図41 営業CFでお金の流れを見る(1)

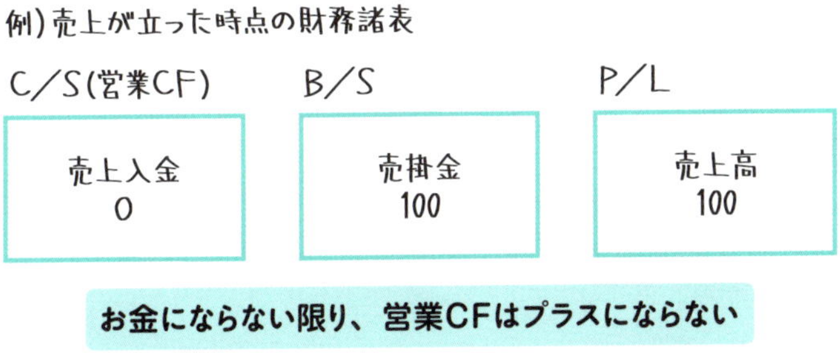

例)売上が立った時点の財務諸表

C/S(営業CF)　　　　B/S　　　　　　　P/L

| 売上入金 | 売掛金 | 売上高 |
| 0 | 100 | 100 |

お金にならない限り、営業CFはプラスにならない

P/Lは商品を売っていなければ費用にならないので、この時点ではC/SとP/Lは一致しています。費用にならない商品はB/Sに資産計上されます。

次に買掛金の支払いをしたときにC/SとP/Lがズレます。支払いをして現預金が減っているので営業CFはマイナスになりますが、P/Lは商品を売らなければ費用にならないので、動きはありません。支払った分、買掛金がB/Sから減ります(図42)。

図42 営業CFでお金の流れを見る (2)

例)支払いをした時点の財務諸表

C/S(営業CF)
```
仕入支払
△100
```

B/S
```
在庫    買掛金
100    △100
```

P/L
```
売上原価
0
```

**売上原価にならなくても
仕入代金を払ったら営業CFはマイナスになる**

　ズレの一番大きい原因になるのが、減価償却費です。減価償却費は、資産を買ったときに投資CFとして計上されるだけで、毎年の営業CFはマイナスにはなりませんが、P/Lでは費用となり利益が減っているからです。

　逆に、ざっくりと営業CFをとらえるときはP/Lの経常利益＋減価償却費で計算できます (図43)。

図43　営業CFの簡易計算方法

P/L　　　　　　　　　　　(万円)

	当期
売上高	2200
売上原価	1800
（うち減価償却費）	(300)
売上総利益	400
販管費	550
営業利益	△150
営業外費用	
支払利息	50
経常利益	△200
税引前当期純利益	△200
法人税等	0
当期純利益	△200

**経常利益△200万円＋減価償却費300万円
＝ざっくりとした営業CF100万円**

②投資CF (投資キャッシュフロー)

投資CFは、設備投資やM&Aなど将来の売上・利益のための投資によるお金の増減を記載する場所になります。お金を使って投資したときはマイナスになり、設備を売却してお金が入ったときなどにプラスになります。

成長企業は投資が先行するのでマイナスになっているケースが多く、逆に毎年プラスだと事業縮小や撤退の可能性があります。

③財務CF (財務キャッシュフロー)

財務CFは、主に借入金の増減が記載されています。借入によりお金が増えればプラス、返済のほうが多ければマイナスになります。

成長企業は調達を増やして投資するため、財務CFはプラスになっているケースが多く、安定・成熟企業は返済が進んでいくためマイナスになります。

P/Lだけを見ていると、計算上の利益に翻弄されてしまうため、キャッシュフローの観点で経営状態をチェックすることが非常に重要になります。

中小企業の資金繰り表も一般的にはC/Sの①営業CF②投資CF③財務CFと対応して、①経常収支②設備等収支③財務収支となっているので、①②③のどこがプラスでどこが

マイナスなのかをきちんとチェックして自社の状況を把握しましょう(図10)。

　特に①営業CFがプラスにならず、③財務CFでまかなう状況を続けているといつか資金が行き詰まりますので、きちんと営業CFがプラスになるように改善する必要があります。

　C／Sは当然お金の動きと一致するため、3表の中で一番理解しやすいかと思います。

B/Sは2期比較してお金の流れを読む

　C/Sがなくても、B/Sから大きな部分はつかめます。

　B/Sは一時点の財産の残高しか示していないので、お金の流れはわかりませんが、**B/Sを2期比較することで、「お金の流れ」が見えてきます。**

　たとえば図44のB/Sでは、何を読み解くことができるでしょうか？

　現預金が100万円に減っています。この原因は他の科目に表れます。

　まずは右側の調達源泉を確認します。長期借入金が500万円から700万円と200万円増えています。借入金が200万円増えているのに現預金が100万円減っているということは300万円お金が減ったといえます。

図44 2期比較したB/S

B/S (万円)

資産の部	当期	前期	負債の部	当期	前期
流動資産			流動負債		
現預金	100	200	買掛金	100	100
売掛金	200	100	流動負債合計	100	100
在庫	200	100	固定負債		
			長期借入金	700	500
			固定負債合計	700	500
流動資産合計	500	400	負債合計	800	600
固定資産			純資産の部		
建物	500	500	資本金	300	300
保険積立金	200	100	利益剰余金	100	100
固定資産合計	700	600	純資産の部合計	400	400
資産合計	1,200	1,000	負債純資産合計	1,200	1,000

純資産の部を確認すると、利益剰余金が増減していません。つまり、今期の利益がゼロということを意味します。赤字ではないので、お金が減った分は投資に回っていることになります。そこで、資産側を確認してみます。

　まず、売掛金が100万円増えています。売上が大きくなったのであれば問題ありませんが、買掛金が増えていないので、おそらく違います（実際にはP／Lを見て確認します）。

　回収サイトが遅くなったのか、滞留している債権があるのか確認が必要です。

　また、在庫が200万円に増えています。売上が増えていないのに在庫がこれだけ増えているとしたら、余剰在庫の可能性があるので注意が必要です。

　このB／Sでは、流動資産の換金が遅くなったために長期借入金が増えていると読むことができます。もちろん回収サイトが遅くなったり、在庫が増えたりした分、運転資金として長期借入金が増えているのであれば問題ないのですが、利益が出ていないのに現預金がこれだけ減っているのはあまりよい状況とは思えません。回収サイトを短くしたり、在庫の回転率を上げたりする努力をすべきです。

　最後に固定資産を確認すると、保険積立金が100万円増えています。運転資金の増加による借入金の増加は理解できますが、保険積立金への投資は危険です。お金を減らして節税している状態なので、改善が必要なことが読み解けます。

このようにB／Sを2期並べることにより、お金の流れがよく見えてきます。

これをC／Sで表現すると、①営業CFは売掛金が100万円、在庫が100万円増えた分、お金が減っているので△200万円、②投資CFは保険積立金の分、お金が減って△100万円、③財務CFは借入金が200万円増えているので、プラス200万円になります。営業CFがプラスになっていない中、保険で投資CFをマイナスにし、借入金で補っているという危険な状態ということがこちらからも見てとれます(図45)。

図45 2期比較後のC／S

C／S	(万円)
Ⅰ. 営業キャッシュフロー	△200
Ⅱ. 投資キャッシュフロー	△100
Ⅲ. 財務キャッシュフロー	200
現預金増減額	△100
現預金の期首残高	200
現預金の期末残高	100

営業CF△200万円＋投資CF△100万円＋財務CF200万円＝現預金増減額△100万円

2-7 シミュレーション

いかがでしょうか？　財務諸表の全体像がつかめましたでしょうか？

最後に、会社の財務諸表が設立してから決算までの間にどのように変化していくのかの流れを、具体的に数字を入れながら見ていきましょう。

①資本金300万円で会社を設立する

まず、自分で貯めた300万円を元手に会社を設立します。

会社に300万円入れますから、B／Sの流動資産に**「現預金」**300万円が入り、純資産の部に**「資本金」**として300万円計上されます。収益も費用もないのでP／Lは動きません。

資本金の入金は会社にとって営業活動でも投資活動でもなく、財務による収入なので**「資本金の増加」**として財務CFがプラス300万円となります**(図46)**。

図46 会社設立

C/S	(万円)
営業CF	0
投資CF	0
資本金の増加	300
財務CF	300
現預金増減額	300
→現預金残高	300

P/L	(万円)
売上高	0
売上原価	0
売上総利益	0
	0
	0
	0
営業利益	0
経常利益	0
税引前当期純利益	0
	0
当期純利益	0

B/S　(万円)

資産の部		負債の部	
流動資産		流動負債	
→現預金	300		
		固定負債	
固定資産		純資産の部	
		資本金	300
資産合計	300	負債純資産合計	300

第2章　財務諸表は三角でわかる

②創業融資を受ける

　会社を設立したら、その資本金をもとに金融機関からの借入を行いましょう。

　日本政策金融公庫と保証協会の創業融資制度を使うのが一般的です。

　今回は店舗の内装500万円と家賃100万円の分600万円を借ります。B／Sの流動資産に現預金600万円が入り、固定負債に**「長期借入金」**600万円が入ります。金融機関からお金を借りただけなので、収益も費用も関係なく、P／Lはここでも動きません。借入金も、財務による収入なので**「借入金の増加」**として財務CFがプラス600万円となりますね。

　返す必要がない資本金による調達は純資産の部へ、返す必要がある借入金による調達は負債の部へと、調達の種類による違い以外は、すべて①と同じ動きになります(図47)。

図47 創業融資

C/S (万円)

営業CF　　　　　0

投資CF　　　　　0
　資本金の増加　300
　借入金の増加　600
財務CF　　　~~300~~ 900
現預金増減額　~~300~~ 900
現預金残高　　~~300~~ 900

P/L (万円)

売上高	0
売上原価	0
売上総利益	0
	0
	0
	0
営業利益	0
経常利益	0
税引前当期純利益	0
	0
当期純利益	0

B/S (万円)

資産の部		負債の部	
流動資産		流動負債	
現預金	900 ~~300~~		
		固定負債	
		長期借入金	600
固定資産		純資産の部	
		資本金	300
資産合計	900 ~~300~~	負債純資産合計	~~300~~ 900

③店舗を借りる

次に、商売を始めるための店舗を借りました。店舗の内装に500万円かかりました。また、家賃が年間100万円かかります。これらを現預金で支払いましたから、B／Sからは現預金が600万円減ります。

一方、**「内装」**という資産が増えたので固定資産に内装500万円を計上します。今回は**「家賃」**という費用が発生しているので、P／Lにも影響が出ます。費用100万円を家賃として販管費に計上しますが、売上がありませんので**「営業利益」**から**「当期純利益」**まで利益は全て100万円のマイナスになります。このマイナスはB／Sにも影響しますね。

当期純利益がマイナス100万円になったので、純資産の部の利益剰余金も100万円マイナスします。するとB／Sの左右が800万円で一致するのを確認してください。

以下の取引すべてそうですが、B／SとP／Lはこのようにリンクしています。

最後にC／Sですが、まず営業CFが家賃の分**「販管費の支払」**としてマイナス100万円となります。投資CFはというと、内装にお金が流れましたので、**「内装の支払」**としてマイナス500万円となり、マイナス100万円＋マイナス500万円で現預金はマイナス600万円となります。B／Sの現預金が600万円減ったのと一致しています**(図48)**。

図48 店舗

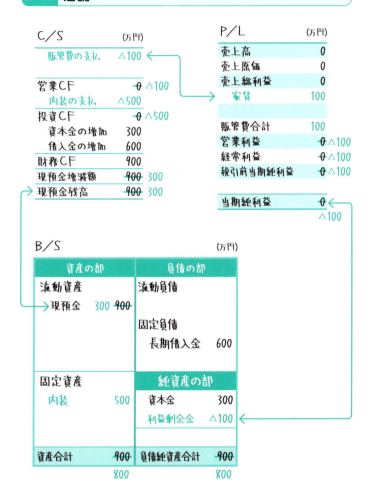

④商品を仕入れる

　店舗を構えたら、次は売るものを仕入れなくてはいけません。

　300万円分の商品を仕入れました。はじめは信用がないため現金取引でお願いされてしまいましたので、仕方なく現金で仕入れました。B／Sから現預金が300万円減りますね。

　代わりに増えたのは**「商品」**です。B／Sの流動資産に商品という資産を300万円増やします。まだ売っていないため収益も費用も発生しません。したがってP／Lは動きません。P／Lでは利益も損失も出ていない状態ですが、現預金が減った原因が**「商品の仕入」**という営業活動ですから、C／Sの営業CFにマイナス300万円計上します(図49)。P／Lの利益と営業CFはこのようにしてズレてきます。

図49 仕入れ

C/S (万円)

販管費の支払	△100
商品の仕入	△300
営業CF	~~△100~~ △400
内装の支払	△500
投資CF	△500
資本金の増加	300
借入金の増加	600
財務CF	900
現預金増減額	~~300~~ 0
現預金残高	~~300~~ 0

P/L (万円)

売上高	0
売上原価	0
売上総利益	0
家賃	100
販管費合計	100
営業利益	△100
経常利益	△100
税引前当期純利益	△100
当期純利益	△100

B/S (万円)

資産の部		負債の部	
流動資産		流動負債	
現預金	0 ~~300~~		
商品	300	固定負債	
		長期借入金	600
固定資産		純資産の部	
内装	500	資本金	300
		利益剰余金	△100
資産合計	800	負債純資産合計	800

⑤掛けで売る

　現預金残高がゼロになってしまい危機的な状態でしたが、売上が決まりました。

　200万円分の商品が500万円で売れました。しかし、先方の支払いサイトが翌々月なので、入金はまだされませんでした。

　B／Sの商品という300万円あった資産が200万円減り、100万円になりました。その代わりに**「売掛金」**という流動資産が500万円増えました。収益が500万円上がり、商品の原価（売上原価）が200万円の費用になったので500万円－200万円で**「売上総利益」**が300万円出ました。B／Sには利益剰余金を300万円プラスします。③の家賃での利益剰余金が△100万円になっていましたが、△100万円＋300万円で利益剰余金は200万円になりました。

　C／Sはどうなるでしょうか？　今回、お金が動いていないため変化なしです。P／Lで利益がでていても、お金が入ってこない限り営業CFはプラスになりません。売上をあげることにやっきになっている経営者も多いと思いますが、財務的な目線からすると「回収してなんぼ」なのです。まだ現預金残高はゼロのままです(図50)。

図50 商品の販売

C/S (万円)

販管費の支払	△100
商品の仕入	△300
営業CF	△400
内装の支払	△500
投資CF	△500
資本金の増加	300
借入金の増加	600
財務CF	900
現預金増減額	0
→現預金残高	0

P/L (万円)

売上高	~~0~~	500
売上原価	~~0~~	200
売上総利益	~~0~~	300
家賃	100	
販管費合計	~~100~~	200
営業利益	~~△100~~	200
経常利益	~~△100~~	200
税引前当期純利益	~~△100~~	200

当期純利益	~~△100~~ ←	
	200	

B/S (万円)

資産の部		負債の部	
流動資産		流動負債	
→現預金	0		
売掛金	500	固定負債	
商品	100 ~~300~~	長期借入金	600
固定資産		**純資産の部**	
内装	500	資本金	300
			200
		利益剰余金	~~△100~~ ←
資産合計	~~800~~	負債純資産合計	~~800~~
	1,100		1,100

⑥減価償却費を計上する

さて、そうこうしているうちに決算期を迎えたため、決算をしなければならなくなりました。今回は特別な処理として、内装の分の減価償却費の計上と、税金の計算が必要になります。

内装を5年間使うことにしたので、500万円を5年で均等に償却することにします。

500万÷5年＝100万円を**「減価償却費」**という費用として、P／Lに計上します。すると、当期純利益は200万円－100万円＝100万円となりました。

減価償却した分、B／Sでも内装という固定資産を100万円減らします。利益剰余金も同額減っているので、左右は一致します。減価償却は③で現預金を減らした内装を会計上費用化しているだけなので、C／Sは動きません**(図51)**。

図51 減価償却

C/S (万円)

販管費の支払	△100
商品の仕入	△300
営業CF	△400
内装の支払	△500
投資CF	△500
資本金の増加	300
借入金の増加	600
財務CF	900
現預金増減額	0
現預金残高	0

P/L (万円)

売上高	500
売上原価	200
売上総利益	300
家賃	100
減価償却費	100
販管費合計	200
営業利益	~~200~~ 100
経常利益	~~200~~ 100
税引前当期純利益	~~200~~ 100
当期純利益	~~200~~ 100

B/S (万円)

資産の部		負債の部	
流動資産		流動負債	
現預金	0		
売掛金	500	固定負債	
商品	100	長期借入金	600
固定資産		**純資産の部**	
内装	400 ~~500~~	資本金	300
		利益剰余金	100 ~~200~~
資産合計	~~1,100~~ 1,000	負債純資産合計	~~1,100~~ 1,000

第2章 財務諸表は三角でわかる

⑦税金を計算する

　税引前当期純利益100万円に対して税金を計算します。法人税30％とすると、100万×30％＝30万円を払わなければいけない計算になります。P／Lの**「法人税等」**に30万円計上し、税引前当期純利益100万円マイナス30万円で当期純利益は70万円となりました。

　税金は決算後2か月以内に支払うので、現預金は減らず、B／Sの流動負債に**「未払法人税」**30万円を計上します。利益剰余金は先ほどの100万円から30万円減っています。支払いは2か月後なのでC／Sに動きはなく、現預金はゼロのままです(図52)。

　2か月後の売掛金の入金がなければ、税金を払うことができない状態になってしまいました。

　売掛金の入金が遅れたらどうなるでしょう……。

図52 税金

C/S (万円)

販管費の支払	△100
商品の仕入	△300
営業CF	△400
内装の支払	△500
投資CF	△500
資本金の増加	300
借入金の増加	600
財務CF	900
現預金増減額	0
現預金残高	0

P/L (万円)

売上高	500
売上原価	200
売上総利益	300
家賃	100
減価償却費	100
販管費合計	200
営業利益	100
経常利益	100
税引前当期純利益	100
法人税等	30
当期純利益	~~100~~ 70

B/S (万円)

資産の部		負債の部	
流動資産		流動負債	
現預金	0	未払法人税	30
売掛金	500	固定負債	
商品	100	長期借入金	600
固定資産		純資産の部	
内装	400	資本金	300
		利益剰余金	70 ~~100~~
資産合計	1,000	負債純資産合計	1,000

このように、財務諸表は連動して動いていることがわかります。
　今回は現預金がきつくなるようなシミュレーションにしましたが、支払いサイトや回収サイトがどれほどCFに影響するのかもおわかりいただけたと思います。
　「支払いは遅く、回収は早く」 が財務戦略の鉄則です。
　今回、支払いと回収のサイトが逆だったら、つまり2か月後の支払いだったとしたら、商品の仕入れ分300万円の現預金が減っていないことになり、500万円の売上を現預金で回収していたら500万円の現預金が増えています。決算時には300万円+500万円で現預金残高は800万円ある計算になります。P/Lのシミュレーションの結果は変わりませんが、C/Sはシミュレーションとまったく違う状態となることがご理解いただけましたでしょうか。

第3章

中小企業の財務諸表は間違えている

企業会計と税務会計

　中小企業の財務諸表(決算書)は、税金を計算するために作っているケースがほとんどです。上場企業と違い、中小企業の財務諸表は開示しなくても問題になることはほとんどありません。株主が社長または親族であるケースが多いからです。

　株主からの開示を求められない財務諸表は、他の利害関係者である税務署と銀行にしか開示されません。すべての国内企業は税務申告をする義務があるため、税金を計算することが最優先され、銀行の目線を意識した財務諸表を作っている中小企業は稀です。

　日本の税制や申告書は複雑なので、自社で完結することがなかなか難しく、税金の専門家である税理士さんに会計のチェックや税務申告書の作成を依頼しています。したがって、日々の仕訳から決算処理まで、すべて税法上、正しい処理をしていることになります。

「それでいいのでは？」と思われるかもしれませんが、本来、会社の会計処理の方法は会社それぞれの経理規程を作って決

めていくものです。もちろん事実とまったく異なるような会計処理をしてはいけませんが、税法に定められているとおりの会計処理をしなければいけない義務はありません。

　会社ごとの実態に合った会計処理をすると、当然、税法上正しくない会計処理になることもあります。ただし、会計処理の違いだけで税金の金額に差が出てしまっては不公平なので、どんな会計処理をしても同じ税額になるように調整できるのが、法人税の申告書なのです。

　法人税法上の収益は**「益金」**といい、費用は**「損金」**といいます。法人税の計算では、益金から損金を引いて**「課税所得」**を算出します。会計上は収益から費用を引いて利益を出しますが、益金＝収益ではなく、損金＝費用ではないため、課税所得と利益は異なるのです**(図53)**。

　ただ、申告書で調整するのが面倒なのと、中小企業の経営者も税金の計算のために決算をしていると思っているので、いわゆる**「税務会計」**と呼ばれる税法の課税所得通りの利益になってしまうのです。

　たとえば、税法上耐用年数が20年とされているものを会社が10年で使うのであれば10年で減価償却したほうが正しい会計処理になります。

　しかし、減価償却する期間が短くなると1年ごとの減価償却費は増えるので、費用が多くなり、税金は減ってしまいます。

こうなると不公平ですから、税金計算上は20年で計算することにして、税金が減らないような仕組みになっているのです。

会計処理の細かい部分は税法の基準で問題ないと思いますが、会社の財務諸表に大きく影響の出る売上の計上基準や在庫の評価基準などはきちんと確認して、自社の実態に合った形にしないと、そもそも財務諸表が役に立たないものになってしまいますので注意してください。

また、回収不能な売掛金やゴミになっている在庫なども税務上落とせないからといってずっと放置しているケースも多く見られますが、実体のない資産がB／Sに計上されていると誤った経営判断をしてしまうことになるので、3-4を参考に財務諸表を直してみてください。

図53 企業会計と税務会計の違い

課税所得と利益は異なる

3-2 税理士の作る財務諸表は間違えている

そもそも税理士が税法基準を適用することを説明もせず、「これは費用になりません」とか「これは資産計上しないといけません」といった判断をすること自体が間違えていますから、経営の役に立つ財務諸表になっているかは、かなり疑問です。

大きく問題になるのは、2パターンあります。

①粉飾決算

銀行から借入をするための粉飾決算です。粉飾決算をすることで、本来赤字のものを黒字化して税金を納めますから、税務署が見たら問題ないと判断するようです。しかし、粉飾はある程度簡単に見抜けてしまいます。銀行も慣れていて、中小企業の財務諸表を疑って見ていますから、1-7に記載したような分析をして見抜いていきます。

私も企業再生の現場にいたときは、よくデューデリジェンス(調査業務)をしていましたが、ほとんどの企業が粉飾していました。

3年間の推移を見て、経営者にヒアリングをすればすぐに粉飾に気づきます。

粉飾決算は一度手を染めると、なかなか抜け出せません。売上のカサ増しなどで「売上＝利益」を直接増やしてしまうからです。抜け出すためには、増やした利益を「売上×利益率＝本当の利益」で解消しなければいけません。

たとえば、売上を100増やして利益を100増やしたとします。翌年これを解消するには、利益率が10％だとすると、1,000売り上げて1,000×10％＝100の利益を出してやっと前年カサ増しした利益を消せるのです。

結果として、ほとんどの企業は毎年毎年粉飾をし続け、本当の決算状況もわからなくなり、銀行との話のつじつまが合わなくなり破綻していくのです。

粉飾決算は絶対にしてはいけません。銀行が応援してくれなくなるような決算になるようであれば銀行と相談し、一時的に毎月の返済を止めてもらったり、返済額を小さくしてもらったりして、きちんと改善していけばいいのです。

②節税

経営者が税理士に求めるもののメインは、「節税」ではないでしょうか。税理士も税金を減らすと経営者が喜ぶことを知っています。

ですから、利益が出そうになると、「何か必要なものがあ

れば今期中に買いましょう」とか「生命保険で節税しましょう」などの提案をします。

　その結果、中小企業の財務諸表は実力よりも利益が出ていないケースが多くなっています。たとえば、過度な保険による節税により「支払保険料」という販管費を増やしてしまい、営業赤字になっていても気づいていない経営者もいます。税理士は税金計算さえできればいいので、営業利益が赤字だろうが関係なく、税引前当期純利益しか見ていないのです。

　節税により本業の利益がマイナスになってしまったら、何のために経営しているのかわかりません。

　さらに問題なのは、どの期にいくら何の節税をしたかを経営者が把握していないことです。

　つまり、粉飾決算と同じで本当の数字がどんどんわからなくなっていき、黒字だから節税していると思っていたのに、いつのまにか節税するほど利益が出ていないにもかかわらず継続して節税したつもりでいる、ということも十分ありえますので注意してください。

申告書・内訳書を見てみよう

　中小企業のいわゆる決算書は**「税務申告書」「決算書」「勘定科目内訳明細書」**のセットになっています。税務申告に必要なものだからです。

「税務申告書」は内容がなかなか難しいので経営者が確認しなければいけないのは、**別表二「同族会社等の判定に関する明細書」に記載している株主構成**(図54)と**別表七「欠損金又は災害損失金の損金算入等に関する明細書」の繰越欠損金**(図55)の金額くらいです。

　なお、株主は登記されていると勘違いしている経営者が非常に多いのですが、日本の場合、株主は登記事項ではないため、会社が保管する株主名簿だけが頼りになります。

　ただし株主名簿をきちんと作っておらず、この別表二だけが株主構成を示す書類となっているケースがほとんどですので、必ず確認してください。

　会社の代表権を父親から引き継いだので、自動的に株式も承継したはずだと思い込んでいる方もいるくらいです。

図54 株主構成をチェック！

同族会社等の判定に関する明細書			事業年度又は連結事業年度	30・1・1 30・12・31	法人名	○○株式会社		別表二 平三十・四・一以後終了事業年度又は連結事業年度分

同族会社の判定

同族会社の判定	期末現在の発行済株式の総数又は出資の総額	1	内 100	特定同族会社の判定	⑳の上位1順位の株式数又は出資の金額	11	
	⑲と㉑の上位3順位の株式数又は出資の金額	2	90		株式数等による判定 (⑪/⑪)	12	%
	株式数等による判定 (②/①)	3	90 %		⑳の上位1順位の議決権の数	13	
	期末現在の議決権の総数	4	内		議決権の数による判定 (⑬/⑭)	14	%
	⑳と㉒の上位3順位の議決権の数	5			⑳の社員の1人及びその同族関係者の合計人数のうち最も多い数	15	
	議決権の数による判定 (⑤/④)	6	%		社員の数による判定 (⑮/⑰)	16	%
	期末現在の社員の総数	7			特定同族会社の判定割合 (⑫、⑭又は⑯のうち最も高い割合)	17	
	社員の3人以下及びこれらの同族関係者の合計人数のうち最も多い数	8					
	社員の数による判定 (⑧/⑦)	9	%		判定結果	18	特定同族会社 / (同族会社) / 非同族会社
	同族会社の判定割合 (③、⑥又は⑨のうち最も高い割合)	10	90 %				

判定基準となる株主等の株式数等の明細

順位 株式数等 議決権	判定基準となる株主(社員)及び同族関係者		判定基準となる株主等との続柄	株式数又は出資の金額等			
				被支配会社でない法人株主等		その他の株主等	
	住所又は所在地	氏名又は法人名		株式数又出資の金額 19	議決権の数 20	株式数又は出資の金額 21	議決権の数 22
1	千代田区○○1-2-3	山田一郎	本人			70	
	同上	山田太郎	長男			20	
2	横浜市○○1-2-3	佐藤花子	本人			10	

※手書きメモ：「株数」「株主名簿」

法 0301-0200

別表七には、これから先の利益と相殺してその分に対応する税金を減少させることのできる繰越欠損金の年度ごとの明細が載っています。

　たとえば、赤字が300万円出た翌年に500万円の利益が出た場合、500万円に法人税をかけるのではなく、500万円から300万円を引いた200万円に対して法人税をかけるという制度です。

　この繰越欠損金は9年間繰り越すことができます＊が、期限を過ぎると、消えてしまうので、年度ごとに管理する必要があります。

　繰越欠損金がない会社の申告書には別表七は付いていませんので、安心してください。もし申告書に別表七がついていた場合は、せめて消えてしまわないように管理する必要があります。

　これから利益が出る体質になっていたら、その利益が出たときにはこの繰越欠損金によって税金が減ることになるので、資産と考えてもよいでしょう。もちろん、過去赤字を出していないのが一番ですが……。

＊平成30年4月1日以降開始した事業年度に発生したものは10年

図55 繰越欠損金をチェック！

⑤ 欠損金又は災害損失金の損金算入等に関する明細書

| 事業年度 | 30. 1. 1 ・12・31 | 法人名 | ○○株式会社 |

別表七(一) 平三十・四・一以後終了事業年度分

| 控除前所得金額 (別表四「26の①」-(別表七(二)「9」又は「21」)) | 1 | 5,000,000 | 所得金額控除限度額 (1) × 50, 55又は100 / 100 | 2 | 5,000,000 |

事業年度	区　分	控除未済欠損金額 ③	当期控除額 (当該事業年度の(3)と((2)-当該事業年度前の(4)の合計額)のうち少ない金額) ④	翌期繰越額 ((3)-(4))又は(別表七(三)「15」) ⑤
・ ・ ・ ・ ・ ・	青色欠損・連結みなし欠損・災害損失		円	円
・ ・ ・ ・ ・ ・	青色欠損・連結みなし欠損・災害損失			
・ ・ ・ ・ ・ ・	青色欠損・連結みなし欠損・災害損失			
・ ・ ・ ・ ・ ・	青色欠損・連結みなし欠損・災害損失			
・ ・ ・ ・ ・ ・	青色欠損・連結みなし欠損・災害損失	過去の欠損金 ↓	今期の税金を減額した金額 ↓	来期以降に繰り越す金額 ↓
26・1・1 26・12・31	**青色欠損**・連結みなし欠損・災害損失	1,000,000	1,000,000	
27・1・1 27・12・31	**青色欠損**・連結みなし欠損・災害損失	2,000,000	2,000,000	
28・1・1 28・12・31	**青色欠損**・連結みなし欠損・災害損失	3,000,000	2,000,000	1,000,000
29・1・1 29・12・31	**青色欠損**・連結みなし欠損・災害損失	1,000,000	0	1,000,000
	計	7,000,000	5,000,000	2,000,000

当期分	欠　損　金　額 (別表四「49の①」)			欠損金の繰戻し額	
	同上のうち	災　害　損　失　金			
		青　色　欠　損　金			
	合　　　計				2,000,000

災害により生じた損失の額の計算

災　害　の　種　類		災害のやんだ日又はやむを得ない事情のやんだ日	
災害を受けた資産の別	棚卸資産 ①	固定資産 (固定資産に準ずる繰延資産を含む) ②	計 ①＋②
当期の欠損金額 (別表四「49の①」)	6	円	円	円
災害により生じた損失の額	資産の滅失等により生じた損失の額	7			
	被災資産の原状回復のための費用等に係る損失の額	8			
	被害の拡大又は発生の防止のための費用に係る損失の額	9			
	計 (7)＋(8)＋(9)	10			
保険金又は損害賠償金等の額	11			
差引災害により生じた損失の額 (10)-(11)	12			
同上のうち所得税額の還付又は欠損金の繰戻しの対象となる災害損失金額	13			
中間申告における災害損失欠損金の繰戻し額	14			
繰戻しの対象となる災害損失欠損金額 ((6の③)と((13の③)-(14の③))のうち少ない金額)	15			
繰越控除の対象となる損失の額 ((6の③)と((12の③)-(14の③))のうち少ない金額)	16			

法 0301-0701

もう一つ確認しなければいけないのは**「勘定科目内訳明細書」**(図56)です。ここには、B／Sの各勘定科目の明細とP／Lの一部の明細が載っています。これは経営者が簡単に読めますし、財務諸表の内容が把握できるので、隅々まで確認してください。

　勘定科目内訳明細書は、税務署が財務諸表の内容を把握するために記載を要求しているのですが、銀行にも提出することが一般的なので、その目線でのチェックも忘れてはいけません。税理士はあくまで税務署にどう見られるかしか考えていないので、経営者自身できちんと確認しましょう。

　ただし、P／L項目については売上高等・役員報酬手当等・人件費・地代家賃等・雑益、雑損失等しかないので、他の経費項目の中身を確認したければ会計データか総勘定元帳を確認することになります。

図56 財務諸表の内容をチェック！

預貯金等の内訳書

金融機関名	種類	口座番号	期末現在高	摘要
○○銀行／○○支店	普通	○○○○○○	1,000,000	
△△銀行／△△支店	普通	△△△△△△	3,000,000	
／				

売掛金（未収入金）の内訳書

科目	相手先 名称（氏名）	所在地（住所）	期末現在高	摘要
売掛金	○○商事	千代田区△△1-2-3	3,000,000	
同上	△△株式会社	川崎市△△1-2-3	1,000,000	

仮払金（前渡金）の内訳書

科目	相手先 名称（氏名）	所在地（住所）	法人・代表者との関係	期末現在高	取引の内容
仮払金	従業員	相模原市△△1-2-3		500,000	

貸付金及び受取利息の内訳書

貸付先 所在地（住所）	法人・代表者との関係	期末現在高	期中の受取利息額 / 利率	貸付理由	担保の内容（物件の種類、数量、所在地等）
山田太郎 千代田区○○1-2-3	本人	1,000,000	50,000円 / 5%		

買掛金（未払金・未払費用）の内訳書

科目	相手先 名称（氏名）	所在地（住所）	期末現在高	摘要
買掛金	××商事	中央区○○1-2-3	2,000,000	
未払い金	従業員給与		3,000,000	

借入金及び支払利子の内訳書

借入先 所在地（住所）	法人・代表者との関係	期末現在高	期中の支払利子額 / 利率	借入理由	担保の内容（物件の種類、数量、所在地等）
○○銀行××支店 港区○○1-2-3		3,000,000	30,000円 / 1%	運転資金	

第3章　中小企業の財務諸表は間違えている

3-4 財務諸表を直そう

　財務諸表を読むためには、決算書と勘定科目内訳明細書を見ておかしな点があれば修正しなければなりません。チェックするポイントを整理していきましょう。

①売上債権（売掛金・受取手形など）

　売上債権には粉飾による架空売上が含まれていないか、回収不能なものがないか確認しましょう。また回収サイトと比較して金額が異常値になってはいないか、売上債権回転月数も確認しましょう。

$$売上債権回転月数 = \frac{売上債権}{売上高} \div 12か月$$

　このように計算します。売上債権を翌月に回収している場合は、1か月前後になりますが、あまりにも多い場合は粉飾しているかもしれないので、架空の取引先を設定したり翌期の売上を取り込んだりしていないか確認しましょう。逆にあまりに少ない場合は、売上の計上漏れなど脱税している可能

性があるのでこちらも注意してください。

②棚卸資産(在庫・仕掛品など)

在庫は粉飾や節税の際にイジられることが一番多い項目です。まず、現場で管理している棚卸資産の金額と決算書が一致しているか確認しましょう。なんらかの調整がされている場合はズレが生じています。特に仕掛品は、労務費などを税理士が勝手に計算している可能性があるので根拠をよく確認しましょう。

棚卸資産の滞留期間もチェックしてください。売上債権と同様に売上に対してどれくらいなのか、平均月商と比較します。

$$棚卸資産回転月数 = \frac{棚卸資産}{売上高} \div 12か月$$

このように計算して、実態と一致しているかを確認しましょう。

また、粗利率を確認して異常値がある場合、売上か棚卸資産に問題があるはずです。

③仮払金・貸付金

勘定科目内訳明細書の仮払金・貸付金に大きな金額があれば、回収不能なものか経営者への貸付金であるケースがほと

んどです。第三者への回収不能債権であれば、特別損失で落としたほうがよいでしょう。特に仮払金は流動資産なので、すぐに返済可能なものとして財務分析をすることになります。したがって、回収不能なものが載ったままだと、指標が安全なほうに動いてしまいます。

　また、経営者への貸付金は本人に資金があるのであればすぐに返済してください。ないのであれば、返済計画を立て、長くても5年以内には返済しましょう。

④固定資産

　利益調整のために減価償却をしていない年度があると、固定資産の簿価が高くなっていることがあります。ほとんどの経営者はそのときは覚えていても、何年かすると償却していなかったことなど忘れてしまいますので、税理士に今の簿価が正しいかチェックしてもらいましょう。

　減価償却費をイジって黒字にしても、銀行は独自に減価償却を行います。意味がない粉飾なので、やらないでください。

⑤非事業用資産

　事業に使っていない土地などは、そもそも会社で持っている必要があるのかを確認しましょう。

　B／Sの左側は、逆三角が理想です。非事業用資産は、B／Sの左下を重くしています。保険積立金も、事業継続に必

要なければ非事業用資産でしょう。

　保険積立金の額が大きい場合は、P／Lの保険料も大きくなっているので、P／Lへの影響額を修正して正しい営業利益を確認しましょう。

⑥仕入債務（買掛金・未払金など）

　仕入債務は仕入高（売上原価）で異常値がないか、確認しましょう。

$$仕入債務回転月数＝\frac{仕入債務}{仕入高（売上原価）}÷12か月$$

　このように計算します。支払いサイトが翌月であれば、こちらも1か月程度になります。

　少なすぎる場合、来期の仕入れを計上しないという粉飾をしているかもしれません。

　このようにして、粉飾・節税により汚れてしまった財務諸表を実際の数字に置き換えてから読まないと、訳がわからない指標や数字が出てきて「やはり財務諸表はよくわからない」と諦めてしまうことになります。

　間違えた数字で分析しているのですから当たり前です。過去の汚れをとるのは大変ですが、きちんとした経営判断をするためにもぜひ取り組んでみてください。

第**4**章

こんな財務諸表はヤバい！

4-1 資金調達余力がない

　現預金残高が月商以下の財務諸表（決算書）を見ると不安になります。

　B／Sは決算日時点での現預金残高を表しているにすぎないため、次の1か月の資金繰りの流れの中でショートしてしまう可能性があるからです。

　ただし、まだ銀行から借入できる余力があれば大丈夫です。B／Sの左上は少ないものの、右下の固定負債も少ない状態だからです。

　借入金が少なく現預金も少ない会社よりも、借入金が多くても現預金の多い会社のほうが安全度が高いのです。**無借金で現預金100万円の会社よりも、1,000万円借りていても1,100万円の現預金がある会社のほうが潰れにくい**のです（図57）。

　資金調達余力があれば、銀行から長期の借入をすることにより現預金残高を増やせるので、B／Sの安全度を回復させることができます。

図57 B／Sの安全度を回復させる

B／S (万円)

資産の部		負債の部	
流動資産		流動負債	
現預金	100	買掛金	300
売掛金	100	固定負債	
在庫	100	長期借入金	200
		純資産の部	
固定資産		資本金	100
建物	400	利益剰余金	100
資産合計	700	負債純資産合計	700

↓

B／S (万円)

資産の部		負債の部	
流動資産		流動負債	
現預金	1,100	買掛金	300
売掛金	100	固定負債	
在庫	100	長期借入金	1,200
		純資産の部	
固定資産		資本金	100
建物	400	利益剰余金	100
資産合計	1,700	負債純資産合計	1,700

借入金が少なく現預金も少ない会社よりも、借入金が多くても現預金の多い会社のほうが安全度が高い

一方、現預金残高が少ないにもかかわらず、借入限度額まで調達しているなど資金調達余力がない会社はかなりピンチです。

　他人資本としての調達ができないので、投資家などから自己資本として調達するしかありません。

　銀行借入ができない会社が投資家などから調達するには、IPOやM&Aなどの出口戦略(図23)を描き、何年後にいくらくらい利益が出るのかという説得力のある目論見書を作らなければ誰も相手にしてくれません。

　はじめから投資家を集めるようなビジネスモデルならまだしも、資金がショートしそうな段階で集めるのはかなりハードルが高いでしょう。

　日頃からB／Sをマネジメントし、このような状況になる前に手を打たなければいけません。

他人資本……外部から調達した資本。借入金、社債などがそれに当たる

流動比率だけではわからないピンチ

2-3で流動比率の解説をしましたが、流動資産が流動負債を下回っている財務諸表も不安です。

流動比率は、流動資産÷流動負債で計算しますが、たとえば流動資産100で流動負債が200の会社は流動比率50％です。流動比率が100％以下の会社は1年以内に支払わなければいけないものよりも、1年以内に現金化できるもののほうが少ない状態なので資金がショートする可能性があります。

ただし、たとえば流動資産200で流動負債100の場合、流動比率は200％となりますが、本当に資金繰りが順調な会社でしょうか？ 3-4で財務諸表を見直したとおり、流動資産にはかなりの確率で1年以内に回収できない売掛金や棚卸資産、仮払金などが隠れています。一方で、銀行からの長期借入金のうち1年以内に返済するものは**「一年以内返済長期借入金」**として流動負債に計上しなければいけませんが、「長期借入金」として固定負債に計上したままの可能性もあります**(図58)**。

つまり、財務諸表に出てくる流動資産は実態より多く、流

動負債は実態より少ない可能性が大きいのです。

表面上の数字で安心せず、実態を見極めましょう。

さらに言えば、流動比率は1時点のB／Sの数値で計算しているだけなので、実際のお金の動きを反映した数字ではありません。

季節変動のあるビジネスの場合、財務諸表では流動資産が多くても、仕入れなどが多くなる季節のB／Sでは流動負債のほうが大きくなる可能性があります。

月ごとの運転資金を把握し、最大限に資金が必要なときでも現預金残高がマイナスにならないような資金繰りをしておくことが何よりも大切です。

実質債務超過

　B／Sの右下にある純資産の部の利益剰余金がマイナスの状態だと、経営が厳しい決算書と見られます**(図59)**。

　会社を創業してから今までのトータルの利益がマイナスということだからです。過去に大きな赤字を出し、まだ回復しきっていない状態です。

図59 利益剰余金がマイナス

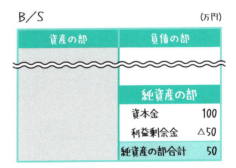

会社を創業してから今までの利益がマイナスであることを示している

さらに、資本金よりも利益剰余金のマイナスのほうが大きくなる状態を「債務超過」といいます(図60)。
　B/Sの左側の資産より右側の負債のほうが大きいということであり、資産を全部売っても負債を返済しきれない状態なので、原則、プロパー融資の対象先にはなりません。
　債務超過になるということは、資本金すら食いつぶしている状態なので、会社をやらないほうがよかった、ともいえます。

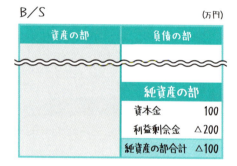

図60 **純資産の部がマイナス**

債務超過の状態を表している

　さらに第3章で見たように、資産には財務諸表に載っている数字よりも価値がないものが多くあります。
　実態の数字に置き直したときに債務超過になることを「**実**

質債務超過」と呼びます。

　実質債務超過の場合ももちろん表面上の債務超過と同じく、資産を全部処分しても負債を返済しきれない状態ですが、財務諸表上では債務超過となっていないため、経営者が気づいていないことが多く注意が必要です。

　では、どのようにして債務超過を抜け出すのでしょうか？
　一つは、単純ですが**「利益を出すこと」**です。
　納税後の当期純利益だけが利益剰余金のプラスになりますので、節税などせずに利益をコツコツ出して債務超過を解消するしかありません。
　利益剰余金がマイナスの会社は法人税の繰越欠損金がある場合も多く、納税額がほとんど出ない可能性も高いので、税金を気にせず利益を出して債務超過を抜け出しましょう。
　もう一つの方法は**「資本金を増やすこと」**です。株主や投資家に増資してもらうことで、純資産の部を増やすことができます。しかし株主もお金が出せず、投資家も見つからない場合でも諦めてはいけません。借入金などの負債を資本金に振り返る可能性を検討しましょう。たとえば経営者が資金繰りのために会社にお金を貸している場合、「役員借入金」という項目がB／Sの負債に計上されています。経営者がそのお金がすぐに返ってこなくてもいいのであれば、その役員借入金を、資本金に振り替えることにより、純資産の部を厚く

するデッド・エクイティ・スワップ(DES)という方法をとることができます。この方法をとることにより、「役員借入金」という負債が「資本金」という純資産の部に振り替わるため、債務超過を抜け出すことができる可能性があります(図61)。

図61 債務超過を抜け出す

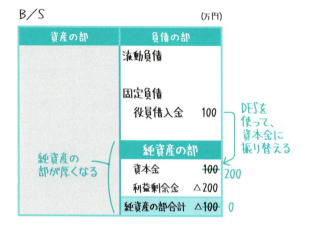

図60の状態で、役員借入金100万円を資本金に移すと、債務超過は解消する

デッド・エクイティ・スワップ(DES)＝Debt(負債)とEquity(資本)をSwap(交換)すること。負債の資本化。

4-4 借入で保険を払っている

「うちは余裕があるから節税で保険を払っているんだよ。借金で払っているわけないよ」と笑われる方が多いのですが、節税とキャッシュフローは別物です。

節税目的の保険加入が過熱しすぎたため、過度な節税目的の保険は販売ができなくなりました。しかし、すでに節税目的の保険に入っている会社は非常に多く、自己資本で払えていない会社を多く見ます。

過度な節税保険である、全額経費になる保険は別にして、ほとんどの保険は半分が資産計上され、半分が経費に計上されます。

たとえば、1,000万円の保険に入ったとすると、P／Lの税引前当期純利益が500万円減り、法人税等が約30％減るので、500万円×30％＝150万円法人税が減ります。

一方、B／Sからは現預金が1,000万円減り、保険積立金500万円が計上されます。

法人税の減額分は納税時に現預金が出ていきませんが、支払った保険料1,000万円と節税額150万円＝850万円はど

こから調達してきているのでしょうか？

　毎年の保険の支払額と節税により減った納税額との差額を、毎年の当期純利益できちんと払えているか確認してみましょう。

　節税保険に入ったときと入らなかったときの、B／SとP／Lの動きを比較してみると理解しやすいです。

　たとえば、B／Sは現預金2,000万円・銀行借入1,500万円、P／Lの税引前当期純利益が500万円の会社としましょう。

　この会社が1,000万円の保険に入った場合、B／Sからは1,000万円現預金が減り、保険積立金が500万円計上され、P／Lの営業利益は500万円減少します。もともとの利益500万円は保険料500万円が経費計上されるため法人税の支払いはありません。

　現預金は1,000万円になります。

　一方、節税保険に入らなかった場合は、法人税が500万円×30％＝150万円かかります。これをすぐに現金で払ったとすると、B／Sから現預金が150万円減り、P／Lの法人税等に150万円が計上され当期純利益は350万円になり、B／Sの純資産の部も350万円増加します。

　現預金は1,850万円になり、保険で節税したときよりも850万円も多く手元に残ります(図62)。

図62 節税保険のワナ

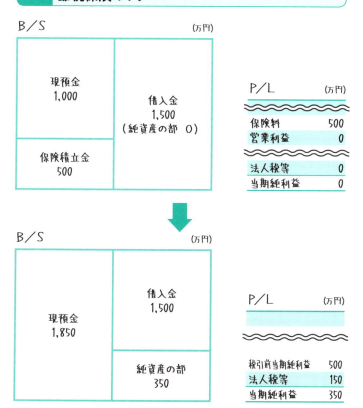

保険に入らなければ、お金は残る

このように、1年だけでも現預金残高や純資産の部の額が大きく異なります。さらに、ほとんどの保険は毎年継続して払っていくものです。本当に経営に必要な投資なのかをきちんと考えましょう。

4-5 経常利益がずっと赤字

営業利益がずっと出ていないビジネスであれば、ビジネスモデルの変更か撤退を検討すべきなのは誰でもわかります。

問題は、営業利益が出ているものの銀行からの借入が増えすぎて営業外支出の支払利息が大きくなり、経常利益がマイナスになってしまっている会社です。

現預金残高の維持や投資を加速させるために銀行からの資金調達は非常に重要です。ただし、そのマネジメントが適切にできなくなるとこうなってしまいます。

P／Lだけを見て経営している経営者に多いパターンです。借入金の残高はP／Lには出てこないので、「支払利息がだんだん高くなってきたな」くらいの感覚しかないうちに借入超過となり、経常利益が出ないため銀行からの借入条件が厳しくなり、利率も上がり、より資金繰りが苦しくなるという事態に陥ります。

このような会社は過去、「投資」に失敗している可能性が高いです。

企業の経済活動は「調達」「投資」「回収」です。

銀行借入が増やせているということは、「調達」はうまくいっていたはずです。営業利益が稼げているということは、それなりに「回収」もできています。それなのに利息分も回収できていないということは、過去に過度な投資や無駄な「投資」があった可能性が高いでしょう。

　こうなってしまったら、固定資産の中に現金化できるものがないかを早急に検討して、P／L上で損失が出ても、現金化すべきです。

　P／L上の損失は特別損失ですから、経常利益を圧迫することはありませんし、現金化した資金で銀行借入を返済して、支払利息を少しでも減らし経常利益が出るように努力するしかありません。

　B／Sの右側の調達を左側の何に投資しているのかをきちんと見て経営しないとこのような事態に陥ってしまうことがありますので、気をつけてください。

　また、経常利益を出すために**「損益分岐点」**を確認する必要があります。

　損益分岐点とは売上と費用が一致する点、つまり利益がゼロになる点です。

　売上からその売上にかかる変動費を引いた利益で固定費をまかなえる点です。変動費は材料費や外注費などの売上原価が主になります。販管費の中には送料や広告費など厳密にい

うと変動費の要素があるものもありますが、あまり厳密にやっても逆に分析できなくなってしまうので、大きなものだけでよいと思います。

変動費でないものを固定費といい、事務所の家賃や社員の給与など売上がゼロでもかかってくる費用をいいます。固定費はもちろん、少ないほど利益は出しやすいです。

売上－変動費＞総費用（固定費＋変動費）のときに利益が出るからです。

損益分岐点を超える売上があれば黒字、そこまで売上がいかなければ赤字になります。

利益を出すために売上を上げるのが一番ですが、それが難しい場合、変動費を下げるか固定費を下げるかして損益分岐点を改善する必要があります。

変動費を下げることにより、売上に対する利益率が上がります。

さらに、固定費を下げることにより、そもそも稼がなければいけない金額が下がりますから、損益分岐点が変わり、黒字になる売上高を低くすることができます。

売上・変動費・固定費をシミュレーションし、経常利益が出るように改善しましょう。

第5章

ここを変えれば、会社は強くなる！

5-1 現預金残高が一番大事!

　会社はお金がなくなれば適正な投資ができず儲けることができませんし、お金がなくなったら倒産してしまいます。

　お金を1円でも多く、1日でも早く手にすることが財務戦略の基本です。

　B／Sの左側は逆三角・右側は三角の形に近いほど強いB／Sとお伝えしてきましたが、**一番強いのは左側の一番上、つまりお金が多いB／Sです。**

　現預金残高を多くすることで強い財務諸表（決算書）になっていきます。**現預金残高を大きくするには、もちろんP／Lで利益を出すことが大事です。**

　さらに**強い財務諸表を作るには、B／Sをマネジメントすることがポイント**となります。

　第5章では、第1章に登場した下町工場株式会社の財務諸表(図1〜3)を強くして2代目社長を助けていきましょう。

回収サイトを早くしよう!

　図1を見ると、下町工場株式会社の売掛金は前期の100万円から、今期は200万円と2倍に増えています。売上の増加10%に比べて増えすぎています。

　回収不能がないとするならば、相手側からの回収サイトが長くなってしまっている可能性があります。

　2代目社長は売上のことしか頭になかったので、回収のことは考えていなかったかもしれません。

　たとえば、前期の売掛金から、売上の増加分10%しか今期の売掛金が増えていなかったとしましょう。

　そうすると、今期の売掛金は前期の100万円×110%＝110万円になりますから、B／Sの売掛金が200万円－110万円＝90万円減ります。売掛金が減った分、早く回収できていることになるので、現預金が90万円増えます(図63)。

図63 回収をきちんと考える

B/S　　　　　　　　　　　　　　　　(万円)

資産の部		負債の部	
流動資産		流動負債	
現預金	190 ~~100~~	買掛金	200
売掛金	110 ~~200~~	流動負債合計	200
在庫	200	固定負債	
仮払金	100	長期借入金	1,300
		固定負債合計	1,300
流動資産合計	600	負債合計	1,500
固定資産		純資産の部	
建物	400	資本金	100
機械	500	利益剰余金	△100
固定資産合計	900	純資産の部合計	0
資産合計	1,500	負債純資産合計	1,500

　C/Sも簡単に確認してみましょう。

　売掛金の増加が100万円だったものが10万円になるので、営業CFは100万円−10万円＝90万円改善し、△200万円

だったものが△110万円となります。もちろん期末の現預金残高は190万円と、90万円増えています(図64)。

図64 営業CFも改善

C/S	(万円)
	当期
税引前当期純利益	△200
減価償却費	300
売掛金の増加	△10 ~~△100~~
在庫の増加	△100
仮払金の増加	△100
Ⅰ. 営業キャッシュフロー	△110 ~~△200~~
固定資産の増加	600
Ⅱ. 投資キャッシュフロー	△600
借入金の増加	600
Ⅲ. 財務キャッシュフロー	600
現預金増減額	△110 ~~△200~~
現預金の期首残高	300
現預金の期末残高	190 ~~100~~

一方、売上と利益には変化がないので、P／Lはまったく変わりません。

　このようにP／Lの利益は1円も変わらなくても、回収のサイトを調整することで現預金残高を増やすことができます。

　さらに、受注した段階で先にお金をもらえたらどうでしょう？　後で製品を納品する義務が生まれますから**「前受金」**という負債が計上されますが、お金はもらっているのでB／Sの現預金が増えます。

　売上は上がりませんので、利益は変わりません。サービス提供前でもお金が入ってきたら営業CFはプラスになります。

　下町工場株式会社が100万円前受金をもらっていた場合のシミュレーションをしてみましょう。

　まず、現預金が100万円増え、290万円になり、流動負債に前受金100万円が計上されます(図65)。先に言ったように、利益は変わらないのでP／Lは動きません。

図65 回収のサイトを調整する

B/S　　　　　　　　　　　　　　　　（万円）

資産の部		負債の部	
流動資産		流動負債	
現預金	290 ~~190~~	買掛金	200
売掛金	110	前受金	100
在庫	200	流動負債合計	~~200~~ 300
仮払金	100	固定負債	
		長期借入金	1300
		固定負債合計	1300
流動資産合計	700 ~~600~~	負債合計	~~1,500~~ 1,600
固定資産		純資産の部	
建物	400	資本金	100
機械	500	利益剰余金	△100
固定資産合計	900	純資産の部合計	0
資産合計	1,600 ~~1,500~~	負債純資産合計	~~1,500~~ 1,600

　C/Sは前受金をもらった分、営業CFが増えます。直接現預金が増えるので、かなりの効果です。先ほどの売掛金の

回収サイト改善時に△110万円だった営業CFはさらに100万円改善することで△10万円となり、プラスまであと一歩です(図66)。

図66 さらに営業CFが改善

C/S (万円)

	当期
税引前当期純利益	△200
減価償却費	300
売掛金の増加	△10
在庫の増加	△100
仮払金の増加	△100
前受金の増加	100
Ⅰ.営業キャッシュフロー	~~△110~~ △10
固定資産の増加	600
Ⅱ.投資キャッシュフロー	△600
借入金の増加	600
Ⅲ.財務キャッシュフロー	600
現預金増減額	~~△110~~ △10
現預金の期首残高	300
現預金の期末残高	~~190~~ 290

5-3 在庫を減らそう!

　在庫は商品売上が好調なときには増えてしまいがちですが、過剰在庫は売れなくなる可能性がありますし、現預金を減らしてしまうため黒字倒産の確率を高めます。

　在庫は、仕入れ→売上→回収という長いサイトを経て現金化されるもの(図14)ですから、現預金を減らさないためには、適正な残高に抑えることが重要です。

　下町工場株式会社の在庫の前期からの増加を、売上の伸び率10％に抑えてみましょう。

　前期の在庫が100万円ですから、100万円×110％＝110万円になります。現在200万円在庫がありますから、200万円－110万円＝90万円在庫が減り、仕入れていない分、現預金が増えて、290万円＋90万円＝380万円になります(図67)。前期の現預金残高300万円を越えましたね。

　今回も仕入れの時期を遅くしただけですから、利益は変わらずP／Lは動きません。

図67 過剰在庫をなくす

B/S (万円)

資産の部			負債の部	
流動資産			流動負債	
現預金	380	~~290~~	買掛金	200
売掛金		110	前受金	100
在庫	110	~~200~~	流動負債合計	300
仮払金		100	固定負債	
			長期借入金	1,300
			固定負債合計	1,300
流動資産合計		700	負債合計	1,600
固定資産			純資産の部	
建物		400	資本金	100
機械		500	利益剰余金	△100
固定資産合計		900	純資産の部合計	0
資産合計		1,600	負債純資産合計	1,600

　C/Sはというと、在庫が10万円しか増えていませんから、100万円増えていたときよりも90万円改善します。

営業CFは△10万円＋90万円＝80万円とプラスになりました(図68)。

図68 もっと営業CFが改善

C/S	(万円)
	当期
税引前当期純利益	△200
減価償却費	300
売掛金の増加	△10
在庫の増加	~~△100~~ △10
仮払金の増加	△100
前受金の増加	100
Ⅰ.営業キャッシュフロー	~~△10~~ 80
固定資産の増加	600
Ⅱ.投資キャッシュフロー	△600
借入金の増加	600
Ⅲ.財務キャッシュフロー	600
現預金増減額	~~△10~~ 80
現預金の期首残高	300
現預金の期末残高	~~290~~ 380

支払いを遅くしよう!

　支払いを遅くすることにより、現預金残高を増やすこともできます。

　しかし、B／Sの右上にある買掛金が増えるため流動負債が増え、三角に近づきませんし、支払いが滞っていると見られてしまう可能性もあるので、ここでは交渉して10％遅く支払えるようにしたことにしましょう。

　買掛金を200万円×10％＝20万円増やします。その分、支払いが遅くなりますから、現預金が20万円増えます。

　これで、運転資金も売掛金110万円＋在庫110万円－買掛金220万円＝0と、先代が経営していた頃のB／Sと同じになりました **(図69)**。

　支払いがない分、C／Sも買掛金が増えたため20万円改善し、営業CFが80万円＋20万円＝100万円になりました。

　現預金も380万円＋20万円＝400万円となりました。

図69 買掛金を増やす

B/S　　　　　　　　　　　　　　　　　（万円）

資産の部			負債の部		
流動資産			流動負債		
現預金	400	~~380~~	買掛金	~~200~~	220
売掛金		110	前受金		100
在庫		110	流動負債合計	~~300~~	320
仮払金		100	固定負債		
			長期借入金		1,300
			固定負債合計		1,300
流動資産合計	720	~~700~~	負債合計	~~1,600~~	1,620
固定資産			純資産の部		
建物		400	資本金		100
機械		500	利益剰余金		△100
固定資産合計		900	純資産の部合計		0
資産合計	1,620	~~1,600~~	負債純資産合計	~~1,600~~	1620

この一連の改善の中で、P／Lは一回も動いていません。200万円の赤字のままです。しかし、B／Sをマネジメントしていくことで現預金は最初の100万円から400万円と300万円も増やすことができました (図70)。

　これが財務の面白いところです。時間軸を調整するだけで、P／Lは変わらなくてもB／Sが大きく変わります。特に現預金残高に大きな差が出ます。B／Sが重要な財務諸表であることがご理解いただけたでしょうか？

図70 B/Sをマネジメントして、現預金を増やす

C/S	(万円)
	当期
税引前当期純利益	△200
減価償却費	300
売掛金の増加	△10
在庫の増加	△10
仮払金の増加	△100
前受金の増加	100
買掛金の増加	20
Ⅰ. 営業キャッシュフロー	~~80~~ 100
固定資産の増加	600
Ⅱ. 投資キャッシュフロー	△600
借入金の増加	600
Ⅲ. 財務キャッシュフロー	600
現預金増減額	~~80~~ 100
現預金の期首残高	300
現預金の期末残高	~~380~~ 400

調達を大きくしよう!

　B／Sの右下を大きくするためには、純資産の部を大きくすることが一番大事です。

　しかし、純資産の部は資本金として株主や投資家からお金を集めるか、毎年の税引後の当期純利益で利益剰余金を増やしていくしかありません。

　これにはやはりある程度の時間がかかるため、現預金残高を確保するには、固定負債、つまり銀行からの長期の借入金に頼ることになります。

　長期借入金を大きくすることで、資金繰りに余裕ができるため、左上の現預金を大きくすることができます。

　また、返済期間を長くすることで、一年以内返済長期借入金という流動負債にいってしまう金額を小さくすることができます。

　運転資金＊は売掛金110万円＋在庫110万円－買掛金220万円でゼロです。利益が出ていない下町工場株式会社がこれ以上銀行調達するのは難しいかもしれませんが、長期借入金1,300万円に対して400万円現預金がありますから、実質借

＊今回、前受金は運転資金の計算に含めていません。

入金は1,300万円−400万円＝900万円となります。

　下町工場株式会社の営業CFは＋100万円(図70)になっているので、900万円÷100万円＝返済可能年数9年とギリギリ10年をきりましたので、10年になるようにもう100万円借りてみましょう。

　現預金が100万円増加し、負債として長期借入金が100万円増えるだけですね。現預金残高は400万円＋100万円＝500万円と当初より400万円も増え、月商の3か月近い数字になりました(図71)。

　C／Sでは営業CFではなく、財務CFが増えます。600万円調達していたところが＋100万円の700万円になるので、投資に使った600万円よりも多い金額を調達でき、手元の現預金を増加させることができました(図72)。

図71 100万円を借りる

B/S (万円)

資産の部		負債の部	
流動資産		流動負債	
現預金	500 ~~400~~	買掛金	220
売掛金	110	前受金	100
在庫	110	流動負債合計	320
仮払金	100	固定負債	
		長期借入金	~~1,300~~ 1,400
		固定負債合計	~~1,300~~ 1,400
流動資産合計	820 ~~720~~	負債合計	~~1,620~~ 1,720
固定資産		純資産の部	
建物	400	資本金	100
機械	500	利益剰余金	△100
固定資産合計	900	純資産の部合計	0
資産合計	1,720 ~~1,620~~	負債純資産合計	~~1,620~~ 1,720

図72 財務CFに注目

C/S	(万円)
	当期
税引前当期純利益	△200
減価償却費	300
売掛金の増加	△10
在庫の増加	△10
仮払金の増加	△100
前受金の増加	100
買掛金の増加	20
Ⅰ. 営業キャッシュフロー	100
固定資産の増加	600
Ⅱ. 投資キャッシュフロー	△600
借入金の増加	~~600~~ 700
Ⅲ. 財務キャッシュフロー	~~600~~ 700
現預金増減額	~~100~~ 200
現預金の期首残高	300
現預金の期末残高	~~400~~ 500

B／Sの左側を逆三角にし、右側を三角にするには長期の調達は重要なのです。

当初のB／Sと比較すると、だいぶ理想の三角に近づきましたね。

下町工場株式会社はこれからきちんと利益を出していくことが重要ですが、財務戦略でも決算書を理想の形に近づけることができます。

これから儲かる会社に変え、一番右下の純資産を納税後の当期純利益で積み上げ、さらに強い三角にし、絶対に潰れない会社を目指しましょう。

おわりに

　本書では、複式簿記の知識がなくても財務諸表（決算書）が読めるように工夫を凝らしてきました。
　しかし、裏で走っている仕組みはもちろん複式簿記です。
　人類最高の発明の一つともいわれている複式簿記は、500年以上前から存在しています。複式簿記は、日々の取引を記録することにより財務諸表に落とし込んでいくという技術なので、もちろん理解できたほうが財務諸表の理解は進みます。
　しかし、テクノロジーいわゆるFintechの発達により複式簿記を知らなくても財務諸表が作成できるようになりつつあります。たとえばクラウド型の会計ソフトでは、銀行の口座から直接データを取り込み、預金に関する処理が自動的に終わるようになっています。昔は1取引ずつ紙の通帳を見ながら入力していたのですから、ものすごい進化です。
　また、会計ソフトで請求書を作ることにより、売上と売掛金が自動で計上されるようになっています。つまり、複式簿記を知らなくても請求書を発行するだけで会計の売上処理が終わっているのです。
　さらに、紙の領収書をスキャンするだけで、自動で会計処理ができるようになるサービスもあります。今まで領収書をきちんとそろえて貼っていた方も多いと思いますが、スキャ

ンするには剝がさなければいけないため、不要どころか無駄な作業になってしまいます。

他にもさまざまなサービスが出てきていて、どんどん会計処理が自動化されています。

最終的には、財務諸表が自動で作成される時代になるかもしれません。

つまり、複式簿記を知らなくても財務諸表が作れるということです。

会計事務所にとっては仕事が減ってしまう可能性があるため困るかもしれませんが、経営者にとってはとてもよい時代といえます。手間が減るということもありますが、自動の処理がメインになれば毎月の試算表が早く出るようになるからです。

本書は決算書をベースにしてきましたが、毎月の試算表も立派な財務諸表です。しかし、会計事務所に会計処理を任せていると1〜2か月後に試算表が出てくるというケースが非常に多いです。これでは、せっかくの財務諸表を経営に活かすことができません。

経営者は、企業の目的を達成するための指標として財務諸表を活かしていかなければなりません。月次試算表を見ずに経営することは、スピードメーターも見ずに車を運転しているようなものです。さらにテクノロジーが進化することにより、1日ごとの試算表を毎日見られるようになるかもしれません。そうなったとき、財務諸表が読める経営者と読めない

経営者の差はより歴然となるでしょう。

　この本で会計に興味を持っていただいた経営者の方は、さらに会計を経営に活かすため、管理会計・資金会計・戦略会計といった経営戦略につながる会計の勉強をしてみてもいいかもしれません。複式簿記を勉強するのではなく、財務諸表をいかに活用するかが大事です。

　本書を書き終えた今、あらためて財務は面白いと感じています。資金の出入金時期を調整することでP／Lは変わらないのに資金繰りに余裕が出たり、逆に苦しくなったりしますし、結果としてB／Sも動きます。

　売上目標、利益目標を立てられる企業は多いと思いますが、裏で動いているB／Sの状態により企業経営の命であるキャッシュフローの動きが大きく違ってくるのです。

　財務戦略はB／Sにあらわれる。

　本書を通じてそう感じていただけたら、これほどうれしいことはありません。

　　　　　　　　　　　　　　　　　　　　大久保　圭太

［著者］
大久保圭太（おおくぼ・けいた）
Colorz国際税理士法人代表社員。税理士。
早稲田大学卒業後、会計事務所を経て旧中央青山PwCコンサルティング（現みらいコンサルティング）に入社。中堅中小企業から上場企業まで幅広い企業に対する財務アドバイザリー・企業再生業務・M＆A業務に従事。再生業務において、過去節税のために生命保険に加入した経営者が、業績悪化とともに借入等が返済できなくなり、保険金欲しさに自殺するのを間近にみて、自分の無力さに悩む。税理士の適切でないアドバイスにより会社の財務が毀損し、苦しんでいる経営者が多数いる現実を変えるには、税理士業界の意識を変える必要があることを痛感。2011年に独立し、再生案件にならないような堅実な財務コンサルティングを中心に、代表として累計1000社以上の財務戦略を立案している。
著書に、『借りたら返すな！　いちばん得する！儲かる会社に変わるお金の借り方・残し方』（ダイヤモンド社）がある

財務諸表は三角でわかる
──数字の読めない社長の定番質問に答えた財務の基本と実践

2019年3月20日　第1刷発行

著　者──大久保圭太
発行所──ダイヤモンド社
　　　　　〒150-8409　東京都渋谷区神宮前6-12-17
　　　　　http://www.diamond.co.jp/
　　　　　電話／03・5778・7232（編集）　03・5778・7240（販売）
装丁───鈴木大輔（ソウルデザイン）
本文デザイン-大谷昌稔
製作進行──ダイヤモンド・グラフィック社
印刷───堀内印刷所（本文）・加藤文明社（カバー）
製本───ブックアート
編集担当──武井康一郎

ⓒ2019 Keita Okubo
ISBN 978-4-478-10759-1
落丁・乱丁本はお手数ですが小社営業局宛にお送りください。送料小社負担にてお取替えいたします。但し、古書店で購入されたものについてはお取替えできません。
無断転載・複製を禁ず
Printed in Japan

◆ダイヤモンド社の本◆

会社を守るのは「利益」ではなく「現預金」
とことん借りて、儲かる会社に変わる！

会社を潰さずに儲かる会社に変えるには、手元の現預金を増やすこと。会社を守るのは「利益」ではなく「現預金」です。投資は小さく、回収は早く、調達は大きく——企業再生に命を賭した著者による「お金の調達力」を上げる方法を紹介。

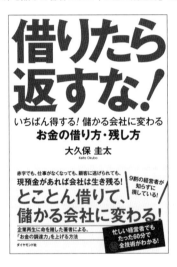

借りたら返すな！
いちばん得する！儲かる会社に変わるお金の借り方・残し方

大久保 圭太 [著]

●四六判並製●定価（本体1500円＋税）

http://www.diamond.co.jp/